ケインズとその時代を読む

危機の時代の経済学ブックガイド

大瀧雅之・加藤晋 [編]

東京大学出版会

Lessons from Keynes and His Contemporary Writers:
A Guide to Rethinking a Time of Crisis

Lessons from Keynes and His Contemporary Writers:
A Guide to Rethinking a Time of Crisis
Masayuki OTAKI and Susumu CATO, Editors
University of Tokyo Press, 2017
ISBN978-4-13-043038-8

目次

序論
危機の時代を生きる　大瀧雅之 …… 1

I
第一次世界大戦の帰結と全体主義勃興の危機

I-1　J. M. ケインズ『平和の経済的帰結』
一世紀を経てなおも息づくケインズの鳴らした警鐘
神藤浩明 …… 23

I-2　J. M. ケインズ『条約の改正』
「ケインズの政治学」を想像する
宇野重規 …… 36

I-3　E. H. カー『危機の二十年』
二度の世界大戦の後，
新たな国際秩序への展望を示す
本橋　篤 …… 53

I-4　F. ハイエク『隷従への道』
自由主義の後退が行き着く苦悩の社会像を描画
古宮正章 …… 64

II
理論の展開──全体主義への対抗軸としてのリベラリズム

『一般理論』前史

II-1 T. ヴェブレン『企業の理論』
激動する社会と企業の包括的分析
西島益幸 …… 79

II-2 A. C. ピグー『厚生経済学』
功利主義に基づく実践的経済政策の集大成
加藤　晋 …… 95

II-3 L. ロビンズ『経済学の本質と意義』
科学的分析と規範的分析の区別を論じた古典
釜賀浩平 …… 107

『一般理論』と社会民主主義

II-4 J. M. ケインズ『雇用・利子および貨幣の一般理論』
社会的正義感と緻密な論理による近代経済学の巨峰
大瀧雅之 …… 118

II-5 R. F. カーン『ケインズ「一般理論」の形成』
『一般理論』の考え方を理解するための必読書
随　清遠 …… 133

II-6 A. P. ラーナー『調整の経済学──厚生経済学原理』
ケインズ経済学を拡張した機能的財政論
田村正興 …… 147

Ⅱ-7 　J. E. ミード『理性的急進主義者の経済政策——混合経済への提言』
　　　市場の持つ効率性と残虐性への深い認識
　　　　渡部 晶 …… 159

Ⅲ
1930年代の世界と日本

Ⅲ-1 　J. M. ケインズ『世界恐慌と英米における諸政策——1931〜39年の諸活動』
　　　世論形成に力点を置いたケインズの活動
　　　　大瀧雅之 …… 175

Ⅲ-2 　高橋亀吉・森垣淑『昭和金融恐慌史』
　　　民間エコノミスト二名による昭和金融恐慌の真相究明
　　　　内山勝久 …… 187

Ⅲ-3 　石橋湛山『石橋湛山評論集』
　　　日本にケインズをいち早く紹介した先覚者
　　　　薄井充裕 …… 200

Ⅳ
ケインズの同時代人

Ⅵ-1 　J. M. ケインズ『人物評伝』
　　　人物評伝の達人でもあったケインズの分析力
　　　　堀内昭義 …… 215

VI-2
フランク・ラムジーの1つの描像
―― 理論経済学者・哲学者・論理学者として
大瀧雅之 …… 232

VI-3
E. H. カーのソ連史研究
―― 戦間期から戦後期へ
塩川伸明 …… 246

序 論

危機の時代を生きる
大瀧雅之 OTAKI Masayuki

1　危機の時代を生きる

　1300兆円に垂んとする公的債務を抱えるきわめて深刻な財政危機に直面しているにもかかわらず，そうした忌むべき事実を正面から質そうという議論はほとんど意図的に無視されている．2020年の東京オリンピックまで何とか経済が持てばよいという，開いた口が塞がらない無責任な暴言が闊歩する今日である．こうした事態に，ある種の狂気や絶望を感ずる方も少なくないはずである．さらにこれに輪をかけるように，中国・韓国を始め東アジア諸国への脅威となり防衛費の大幅な拡大も必至である憲法9条の改正が，財政問題に先んじて新聞紙上を賑わせている．いったい軍備拡大の財源はどこから捻出されるのか．こうした威勢のよい人たちは，少し地に足が着いたものの考え方をする必要があろう．

　いったいわれわれは子どもたちの世代に何を遺すことができるのだろうか．このままでは「自主規制」という名の事実上の報道管制が敷かれた非民主的な政治体制と対外直接投資によって荒れ果てた国土，そして重税国家あるいは慢性的な高インフレに悩む崩壊した金融システムを遺すだけになろう．百年後の日本があるとするなら，現代を生きるわれわ

れは，このままでは子孫の怨嗟を買い，安んじて地下に眠ることを許されぬであろう．それほどの危機にわれわれは直面しているのである．

　筆者の主張に異を唱える向きがあることは否定しない．そうした時筆者は，子どもの頃に読んだ『ポンペイ最後の日』を思い出す．市民はベスビオ火山の噴火を軽視して日常を送っていたが，それは町を埋め尽くすほどの破滅的な噴火となり，日常生活のままあるいは逃げ遅れた姿のまま骸を遺すことになったというものである．確かに現在のわれわれの多くは，心中大きな不安を抱きながらも，日本経済の「繁栄」を享受している．筆者もその1人であろうことはあえて否定しない．破綻とはベスビオ火山の大噴火のようなもので，生起してからでは手の施しようがないのである．危機と呼ばれる間に1人1人そして1つ1つの誠実で良心的な努力の積み重ねによって回避するしか術がないのである．

　世を斜に構えて，そんな努力は大海の一滴で，日本はもう行くところまで行くしかないと虚無に陥る人々は怯懦の誹りを免れまい．己の家族や友人はどうなるのか．そしてそもそも自らが社会的動物であることを謙虚に認めれば，日本社会が上述のような荒廃した様相に直面した時，自らのアイデンティティを何処に求めるつもりなのか．言い換えれば，国土と共に人は存在し，それが荒廃すると自分の「居場所」がなくなってしまうことに，捨て鉢な人たちは気づいていない．よって危機を克服すべく地道な努力を重ねない人々は怯懦である．

2　ケインズの生きた時代

　無論こうした危機は，日本一国に留まることのない世界規模のものである．しかし幸か不幸か，日本は世界の政治経済に決定的な影響を及ぼせる国ではない．現在の世界は最終的には武力によって統治されているからである．したがって，無論絶えざる情勢観望の要は言うまでもないが，世界情勢自体は与件・制約としたうえで，国のあり方を考えること

が現実的で理に適っている．前の世界的危機の時代すなわち第一次・第二次世界大戦の戦間期はまさにケインズの生きた時代であった．当時イギリスは，第一次世界大戦の戦費による国債の累積問題に直面していた．戦災による大陸ヨーロッパの荒廃，ソビエト連邦の誕生，そして過酷な賠償によるドイツの社会主義化への憂慮が，これに加わっていた．

　ケインズは同じ戦勝国のアメリカがイギリスに代わって世界の覇権を握りつつある状態の中，母国イギリスの退勢を少しでも食い止めるために一生を捧げた人物である．こうした高邁な目的を達成するには，視野の狭いショービニストに陥っていては仕方がない．母国を想うからこその国際主義なのである．この一見逆説とも見える論理を，多くの日本人は理解していない．比喩的にいえば，自らの家族を愛せないものが，他人の家族に想いを馳せることができると考えるのは，画餅に過ぎない．国際主義の「国際」は「国の際（きわ）」に由来するものであり，国際主義は国民国家の存在を前提として成立していることを肝に銘ずるべきである．本書にも登場するカーの国際関係論は，こうした厳しい現実を冷静に直視したうえで練り上げられた思想である．

　ロンドンに学んだ夏目漱石は，著名な「私の個人主義」という講演で，「実をいうと私は英吉利を好かないのであります」と前置きしながら，「それで私は何も英国を手本にするという意味ではないのですけれども，要するに義務心を持っていない自由は本当の自由ではないと考えます．と云うものは，そうしたわがままな自由はけっして社会に存在し得ないからであります．よし存在してもすぐ他から排斥され踏み潰されるにきまっているからです．私はあなたがたが自由にあらん事を切望するものであります．同時にあなたがたが義務というものを納得せられん事を願ってやまないのであります．こういう意味において，私は個人主義だと公言して憚らないつもりです」と述べている．漱石のロンドン留学はまさに苦闘の連続であったが，明治の偉才は多様で社会的自我を持つ個人の自己実現欲を自由と呼び，そうした個人をまとめるには，いか

なる個人も遵守すべき最低限のモラルが必要であると考え，それを義務と呼んだのであろう．

本書に登場する経済学者やエコノミスト（両者を区別するのはわれわれの悪癖の1つだが）には，ケインズに限らず，こうした思いが貫徹していることを予めご承知おき願いたい．それを感得することは必ずや，現代の危機における経済学者の著述や発言を見直し精査する契機を作ってくれると，筆者は信じている．これが本書の編まれた1つの目的である．前の世界的危機にあたって，その回避のためにどれほどの英知，良心と労力が注ぎ込まれたか，そしてそれをしても第二次世界大戦を避けられなかったという厳しい現実を再認識することは，きわめて重要である．IT技術や輸送網の飛躍的な発展によって遥かに複雑化した現代文明の危機の闇は，それよりも深い．本書がその闇を照らす一燭の灯となれば，望外の喜びである．

3 本書の構成

本書はケインズの著作及びそれに前後した前の世界的危機を生きた人々の著作に関するブックガイドである．選ぶ著作は一冊（Ⅳ-3 塩川，カーの『ソヴィエト・ロシア史』）を除き編者である大瀧と加藤が原書を読了したものに限定した．そうでないと内容に責任が持てないと考えたからである．なおカーのこの著作については *Russian Revolution: From Lenin to Starlin 1917-1929* という縮約版が一般向けに出されており，筆者がこれを読んだうえで，塩川教授に執筆を依頼した．

さて本書は，4部構成をとっている．すなわち，

  Ⅰ 第一次世界大戦の帰結と全体主義勃興の危機
  Ⅱ 理論の展開——全体主義への対抗軸としてのリベラリズム
  Ⅲ 1930年代の世界と日本

Ⅳ　ケインズの同時代人

である．このような構成をとっているのには，以下の理由がある．まずハナ・アーレント『全体主義の起原』の考えに従って，全体主義を

① 恣意的立法・法解釈の絶えざる変化
② メディアを通じた情報操作
③ 虐殺を含めた公的権力による暴力
④ 国内の政治的矛盾のはけ口としての武力行使を伴う攻撃的外交
⑤ ④を達成するための徹底した計画経済

からなる人間不信を利用した（人間の社会的孤立への恐怖を利用した），非民主的な国家と規定する．そのうえで本書では，前の世界危機を経済思想・理論という狭い窓から見て，その根源には全体主義と前節の漱石の意味での自由との厳しい対立があったと理解する．この理解を前提に，リベラリズムの果たした歴史的意義とその限界を探る手掛かりとなることを目的としている．

4　ケインズの「遠見の角」

　第Ⅰ部では，ケインズの2つの著作とカーの国際関係論に関する書物およびハイエクの『隷従への道』が紹介される．ケインズ自身の思想とその波及を捉えるためばかりではなく，それらを通じて，いかな経緯で全体主義が登場したのかを探ることも目的としている．
　ケインズの2著作は共にヴェルサイユ条約をめぐるものであるが，ドイツひいてはヨーロッパ全体の後の運命を大きく左右した賠償問題の概要とケインズの慧眼を知ることができる．『平和の経済的帰結』では，紹介者である神藤（Ⅰ-1）自身が原著から復元した，ケインズのドイツ

序論　危機の時代を生きる　　5

が支払える賠償金の上限が20億ポンドであるとの主張の裏付けが表として掲げられている．神藤の緻密で精力的な仕事に筆者は深く敬意の念を払わざるを得ない．と同時に，20億ポンドのうちほとんど（17億ポンド）が30年の年賦払いであることから，このケインズ案でも，かなり現実性に乏しいことがわかる．危機にある現在と同様に，この時期30年間を見通すことのできた人物は，きわめて限られていたに相違ないからである．

また中欧諸国がロシアからの農産物輸入に大きく依存していることから，彼の思想とは合わないロシアの安定こそが，逆に，ドイツを社会主義革命から救い健全な復興への早道であることを説くあたりに，彼のはるか遠くを見据える構造的な視野を感ずる．将棋に「遠見の角（かく）」という言葉があるが，この叙述はまさにケインズの放った「遠見の角」である．

『条約の改正』は，『平和の経済的帰結』の続編であるが，ある意味過激な前著が暗黙の裡に受け入れられたことを感知したケインズは，「現実の重みゆえに」（I-2 宇野），「大衆に思慮深く語りかけることはもはや無益な軽挙ではない」と意気軒昂である．さらに前著同様ケインズの統計を用いた論理は，それが簡素な故に，大きな説得力を持つ．こうした分析は何度も加工されたデータによる「凝った」回帰分析より，はるかに明快であることを，読者には原著から感得していただきたい．

『危機の二十年』は，多才なカーの国際政治学者としての面目躍如たる著作である．彼はケインズの思想に強い影響を受けて育ったと考えられるが，国際政治における事実重視・論理的解析の必然性，すなわちカーの言うところの「リアリズム」は，先のケインズの2著作にも貫徹していることを容易に理解できるであろう（I-3 本橋）．また「功利主義」を批判して，軍事力・経済力・政治力の有機体としての国民国家が国際間の交渉の単位となるべきであり，かつそれが大国のイニシアティブの下でなされねばならぬとの論は至言である．しかし大国が「宥和主

義」を採らず弱小新興国家の解体に突き進んでいる現代を，カーはどう評価するだろうか．

　第Ⅰ部最後の『隷従への道』は，ハイエクの代表作とは言い難いが，最もよく読まれている本であり，彼の思想を理解するうえでは欠かせない書物である．同書はここに選ばれた書の中で，先のアーレントの『全体主義の起原』に最も近い色合いを持つ．法の支配の重要性を力説し，「本来いかなる主義や思想も，個々人の間の異なった見識に基づく意見交換，議論を通じて，その命を形成し理性の成長につなげるのだ」(Ⅰ-4 古宮) という点で，まさにリベラリズムを擁護し全体主義を嫌悪する．この点で私的な行き違いや個人的性向の問題をさておけば，ハイエクはケインズと同根である．難しいのは社会民主主義（あるいは混合経済）に対する評価であるが，これも国家の市場介入に関する温度差の問題であろう．しかしハイエクは勿論，いかなケインズであっても現代の肥大化した国家を認めはしなかっただろうとは，筆者の推測である．こうした国家の肥大は，古宮が指摘しているように「応分の行動と責任という自由主義の気高い価値は，揺らぎ始めている」ことの典型ではなかろうか．

5　理論の展開——全体主義への対抗軸としてのリベラリズム

　第Ⅱ部は，ケインズの『雇用・利子および貨幣の一般理論』の刊行前とその後の理論書を分けて紹介している．ケインズの先駆者と同時代人たちが何を考えていたかが前半で詳述され，後半では『一般理論』そのものとその成立過程が紹介された後，ケインズの1世代後の研究者の書物に与えた影響が描かれる．これらの著作に通底しているのは，闊達な討論を重視するリベラリズムであり，それがここに並べた大家の頭脳に明示的に意識されていたかどうかはともかく，歴史的に振り返ると先ほどの意味での「全体主義」への対抗軸となっていることが容易に看取で

きる.

　ケインズの企業観の先駆と見なせるのが,ヴェブレンの『企業の理論』である.ケインズは『一般理論』の第12章「長期期待」で,企業の実物面での固定性と金融面での流動性が齟齬をきたす様を描き,同時にそれが投資主体と貯蓄主体の分離に繋がったことを記している.この章は一般理論の中でも名高い章の1つだが,理論的には論理の飛躍が多く解釈が難しい章でもある.その点ヴェブレンは明解である.機械設備の導入によって労働者の協業から生ずる有機的構成の高まりにより,紹介者である西島（II-1）によれば,「いったん定常的生産が始まると,他の工程,部門,取引企業,関連産業にも,その定常的生産に合わせた操業生産が要請されることになる」のである.産業の発展は企業の実物面での固定性を生む一方,金融面での可塑性を高める.つまり長期的ビジョンに基づく経営に関心の薄い株主が企業の所有者となるために,実績を支える実物面での企業評価と気紛れな金融面での評価が乖離する危険が高まったのである.この30年ほどの世界経済の潮流は,金融面のスキャンダルによって,雇用を含む企業の実物面が翻弄されるという図式が定着しているようにさえ思える.「利潤に資する政策は教育やメディアへの影響を通して軍国主義的色調を帯び,市民的自由を奪い,愛国心・忠誠という封建的文化へと回帰する」（II-1 西島）とのヴェブレンへの総括は,今日を生きるわれわれに大きな示唆を与えてくれよう.

　続く『厚生経済学』は,『一般理論』では「斬られ役」としてのみ登場するピグーの主著とも言うべき大著である.筆者は『一般理論』の批判の対象となっているピグーの『失業の理論（Theory of Unemployment）』（1933年）の内容には首を傾げざるを得ないが,『厚生経済学』には深い畏敬の念を払わざるを得ない.「暗闇から光明を! この光明を探すことこそが,「政治経済学の陰鬱な科学」がその学問に取り組むひとびとに与えるところの任務であり,それを見つけることこそが褒章なのである」というピグーの思いは,「貧困に対する情熱,実践に対する志向」

（II-2 加藤）という点と同時に，論敵であったケインズとまさに共通するものである．すぐ後で紹介するロビンズの『経済学の本質と意義』によって，功利主義と効用の可測性を前提とするピグーの厚生経済学は多くの支持者を失うが，それでも彼は怯むことはなかった．加藤が力説するように，実践に対する志向の強さを窺わせるに余りある．

ここでピグーの第一命題・第二命題は，以下のように理解できる．すなわちすべての個人の効用関数が同一で，金銭の単位で計測できるとしよう（可測的効用）．次に所得の限界効用という用語を定義しよう．所得の限界効用とは所得が1単位増えたときに，どれほど効用が上昇するかを表す指標である．そして限界効用が所得の上昇とともに逓減するとは，富むほどに追加的所得の有難みが薄れることを意味する．したがって，

富者の限界効用＜貧者の限界効用

という関係が成立する．功利主義ではすべての個人の効用を足し合わせたものが，社会的効率の指標となるから，富者から貧者へ所得を移し替えることで，それは高まることになる．こうした行為は貧富の差がある限り，効率を高めることに貢献するから，最も望ましい状態は全く貧富の差がなくなった状態であることがわかる．こうして最高の効率と平等な所得分配が両立するのである．

ロビンズの『経済学の本質と意義』は，ピグーの功利主義に基づいた『厚生経済学』を真っ向から否定した書物である．ここには有名なロビンズの経済学の定義「経済学は，代替的用途を持つ希少な手段と，目的の間にある関係性としての人間行動を研究する科学である」が登場する．さらに進んで効用の可測性を否定し（つまり効用を金銭換算できないと主張し），功利主義に立脚した経済学をばっさり切り捨て，現代の主流である効用の序数性（個人間の効用の比較不可能性）に基づく厚生経済学への道を開いたのである．すなわちパレート原理に基づく価値判断の導入で

ある．経済学では通常，効用の可測性に基づく価値判断を「強い」とし，不可測性によるそれを「弱い」としている．これは数理的性質によるものであるが，この完成はヒックスによる精力的な仕事を待つことになる．こうしてある意味，ロビンズのこの著書は経済学「無機化」を大きく進める役割を担いもしたのであるが，ただ筆者が健全と思うのはロビンズが「一般法則の妥当性は諸仮定の妥当性に還元されるとし，また，諸仮定は経験的事実として明白」（Ⅱ-3 釜賀）と論じていることである．このことは釜賀が末尾で語っているように，「実践を区別するだけでなく自分の関心から放逐するならば，経済学の発展の芽が摘み取られてしまうのかもしれない」（釜賀）との危惧に繋がると考えられる．事実，本書では紙幅の関係上取り上げなかったが，大恐慌直後の労働党政権下でのマクミラン委員会ではケインズが委員の一人であったばかりでなく，ピグーやロビンズも立場を超えて，証人として発言している．彼らには共通にこうした現実感覚と懐の深さがあったのである．

　これらの前史のもと，ケインズ自身の『貨幣改革論』『貨幣論』での試行錯誤・研鑽を通じて生まれたものが，主著である『雇用・利子および貨幣の一般理論』である．従来あまり語られていないが，ここでは『一般理論』の核心が Book I と呼ばれる最初の3章に集約されていることが強調される（Ⅱ-4 大瀧）．ケインズによれば，総需要曲線と総供給曲線の交点に有効需要が決定され，企業の利潤動機と矛盾しないように，賃金単位で計った価格（実質賃金の逆数）が決定されるのである（古典派の第一公準）．『一般理論』の中の価格理論で最も革新的なのは，労働供給に関する捉え方である．雇用量を所与としたときに，労働供給関数（古典派の第二公準）をみたす実質賃金より，第一公準から決まってくるそれが高ければ，どの労働者にも進んで働くインセンティブが存在する．しかし有効需要理論から定まる雇用量でこれをすべて吸収できる保証はない．したがって有効需要が不足すると，非自発的失業が発生する．このとき労働の超過供給の解消を目途として，名目賃金を切り下げ

たとしよう．すると物価水準が比例的に低下するだけで，経済には実質的な影響が及ばないことが確認できる．要約すれば，従来の名目賃金や物価の固定性を前提とするケインズ解釈には問題があり，静学的な枠組みではあるが，ケインズは任意の名目賃金について有効需要が不足すると，非自発的失業が発生することを示し得ていたと，本書では考える．

カーンの『ケインズ「一般理論」の形成』は，貴重な歴史の証言である．カーンはケインズサーカスのリーダー的存在であり，ケインズの投資乗数のもととなった雇用乗数の提唱者であっただけに，その言葉には重みがある．ケインズが『貨幣改革論』『貨幣論』を経て，貨幣数量説から脱却する様子は，彼ほどの天才であっても，経済学に蔓延ったこの悪習から脱却するのが，いかに困難であるかを如実に物語っている．日本においても，「過去20年間の日本において，M2 対 GDP 比は，105%から180%に上昇をしてきたのに，インフレ率はずっと0近辺で動いている」（Ⅱ-5 随）にもかかわらず，ニューケインジアンと称する人たちは，いまだにこの比率が安定的で，貨幣は長期的には中立的であるモデルを用いている．恐ろしいものである．さらにカーンが貨幣賃金は基本的に粘着的であり，またそれが望ましいと述べて，その固定性を前提とするヒックスの議論を退けているのは，括目に値する．先ほど述べたように，『一般理論』においては名目賃金にスライドして物価が変化するとしているために，その安定は物価の安定ももたらすからである．

ラーナーの『統制の経済学――厚生経済学原理』（田村は『調整の経済学』と改訳している）は，『一般理論』の強い影響下ミクロからマクロにわたる多様なトピックを扱った彼の代表作である．ラーナーは社会主義者と名乗ることを憚らなかったが，それは社会主義の実践面というよりは，民主主義・資源配分の効率性・平等な所得分配といったその理念に忠実であったことによると考えられる（Ⅱ-6 田村）．ここでは特に「機能的財政政策」と呼ばれるラーナーの有名な公債に関する議論に力点を置いて紹介される．すなわちラーナーの主張は，内国債の発行・償還は不

完全雇用下では，償還に当たる世代内の所得分配を変化させるだけで，何ら後世の負担とならないというものである．この考え方は完全雇用達成のためには，赤字財政も厭わないという主張に繋がる．「機能的財政」は当初，ケインズを始め彼の影響を受けた優れた研究者たちの批判を呼んだ．これは財政規律の弛緩を憂えてのことと思われる．これに対し田村は，実質賃金への比例的課税によって償還財源が賄われるとき，実質賃金の実質的低下を受けて労働意欲が変化し，それが経済厚生を損なうことを危惧している．田村の主張は，不完全雇用均衡の場合，国債償還の総需要へ与える影響を考慮に加える必要があるが，重要な指摘であり検討に値する．

ミードの『理性的急進主義者の経済政策——混合経済への提言』は短編であるが，ケインズの思想が深く溶け込んだ名著である．ミードには市場の持つ効率性と残虐性への深い認識があり，同書の大きな特徴となっている．紹介者である渡部（II-7）がプラトンの「哲学者が支配するか，支配者が哲学するか，いずれかでなければ，国々に災いのやむときはない」という言葉を引いている．しかしそれに対し，ミードは「守護者を誰が守護するのか」という問を発する．混合経済（あるいは社会民主主義）のもとでの守護者は，あくまで市場である．市場は不特定多数の個人・企業の自発的利害調整の場であり，機会の均等原則が貫徹できる限りにおいて，それは「民意」の表れと見なすことができる．しかし情報の不完全性・非対称性により（現代的解釈だが），不公正な所得や富の分配が，教育サービスに象徴される機会均等の実現を阻んでいる．またミードが述べるように「巧妙な金融操作，脱税，激しく価値が動くものについての投機から巨万の富を持った人々が蓄財していく」のが，現在の経済の姿ではなかろうか．この経済社会の守護神を守護（補完）するのが，政府の本来の役割である．したがってつねに，市場と政府の間に一定の緊張関係があって然るべきであり，現在のように政府が市場の坩堝で融解してしまっては，本来の機能をなさないことを同書は示唆し

ている.

6　1930年代の世界と日本

　第Ⅲ部では，前の世界的危機の実相を書物から垣間見ることを目的としている．ケインズの『世界恐慌と英米における諸政策――1931〜39年の諸活動』では，ケインズも決して「英雄」ではなかったことが深く理解できる（Ⅲ-1 大瀧）．彼は歴史の流れに懸命に抗しながらイギリス国家のために働いた，しかし同時に誤りも多々ある人物であったことを知ることができる．同書から窺えるのは，ケインズは確かに金融問題には長けていたが，財政についてはかなり肌理の粗い見方をしていたことである．金本位制離脱後，変動制の利を生かしながらも，金保有大国アメリカを睨みながら為替レートの変動幅を制限しようという提案は，まさに時宜を得たものであったろう．ある人はここに，第二次世界大戦後のブレットンウッズ体制下のアジャスタブル・ペッグの原形を見出すかもしれない．しかし一方アメリカを債権国とする戦時国債問題を抱えながら，支出先も定かでない財政出動を促すさまは，貨幣経済の脆弱性をよく知るケインズの発言とは思えない．アメリカのニューディール政策のイギリス版が実現されなかったのは，財政・金融当局が頑迷だったからではなく，背後に大陸ヨーロッパを含めた戦時の債権・債務問題があったことを，ぜひこの書から感得してほしい．

　石橋湛山の『石橋湛山評論集』については，まず湛山が高度成長の燭光がさし始めた時代の首相であったことを思い出してほしい．これほどのリベラリストにして文章家を，首相に押し上げるだけの闊達で潑剌とした力が，あの時代の日本にはあったのである．「現実の生活に即した「個」の尊重こそが基盤であ」る（Ⅲ-3 薄井）のが，嘗て大学時代プラグマティズムを学んだ湛山のリベラリズムの真骨頂である．湛山の論文は今読んでも不朽の名作が多い．昨今，中国・韓国との領土問題で勇

ましい言動が闊歩している．こんなご時世の中，「「戦争は経済的にみて間尺にあわない」（……）また，仮に戦勝国となったとしても賠償によって疲弊分を十分に取り返すことはできない」（薄井）との考え方に，われわれは首を垂れるべきではないか．薄井が指摘するように，ケインズの『平和の経済的帰結』を見る思いである．さらに進んで，「わが国の独立と安全を守るために，軍備の拡張という国力を消耗するような考えでいったら，国防を全うすることができないばかりでなく，国を滅ぼす．したがって，そういう考え方をもった政治家に政治を託すわけにはいかない」との主張に至る．前の危機の時代を生き抜いた先達の築き上げた立派な経済理論であり，泉下の湛山が現在の日本に何を思うか容易に想像がつこう．

　高橋亀吉・森垣淑による『昭和金融恐慌史』は 1927 年に発生した昭和金融恐慌についての緻密な分析である．著書のリーダー格である高橋亀吉は，長く東洋経済新報社に勤め石橋湛山の影響を受けた人物である．データに基づいた整然とした論説は，石橋湛山や高橋亀吉に代表される当時の東洋経済新報社の大きな特徴であったと言えよう．さて高橋・森垣によれば，昭和金融恐慌は次のように推移した．まず企業の財務部と言ってもおかしくないほど企業に密着した「機関銀行」の採算を二の次にした不健全な融資が，その基底にあるとする．これは小規模なものに限られるものではなく，台湾銀行と鈴木商店の間にも存在した．これらの銀行と企業の癒着関係のもと，第一次世界大戦の一時的好況のあとの「反動恐慌」（1920 年）や関東大震災（1923 年）に際しての「震災手形」の大量発行により，大量の不良債権が蓄積されていた．振り返ってみれば，昭和金融恐慌は起きるべくして起きたものなのである．高橋・森垣は「こうした非近代的性質がわが国経済を毒していた」（III-2 内山）と厳しく批判する．最近の政府支出の平均は 1990 年代で約 100 兆円（1980 年代は約 60 兆円，2000 年代は約 110 兆円）であり，90 年代を機に一気に政府規模が大きくなったことがわかる．これはバブル崩壊の後処

理にどれだけの貴重な資源が費やされているかの証左である．昭和金融恐慌だけでなく，「バブル」の後処理のために，「弥縫策」（高橋・森垣）によって「本来整理されるべき企業や銀行を救済する」（内山）ために使われた資源がいかに大きいかを物語っている．

7　ケインズの同時代人

第IV部では，ケインズの『人物評伝』やラムジーの断片および塩川のカー研究の縮刷版を通じて，ケインズの同時代人を紹介する．

『人物評伝』は，主として同時代の政治家・経済学者・彼の思想形成に影響を与えた人物が，対象となっている．同書の第一部における，パリでの四頭会議においての仏首相クレマンソーの老獪，英首相のロイド・ジョージの宥和的態度，米大統領のウィルソンの凡庸に非を鳴らす，ケインズの姿勢はまさに『平和の経済的帰結』の延長上にあると言えよう．元来軍人であるチャーチルの『世界の危機』に対するケインズ評は微妙である．基本的にはその趣旨に賛意を表しているようにも見えるが，「このあたりのケインズの叙述については，この書物の第1章，第2章を合わせ読むことによって，さらに明確になるであろう」（IV-1 堀内）．

第二部では経済学者が取り上げられるが，ケインズが自らの先駆者と見做したマルサスがリカードとの対比において悲劇的に描かれており興味深い．また彼の師であるアルフレッド・マーシャルについては，学生との対話や講義を重視したがために，ジェボンズに比べ，公刊された書物は大分後れをとり，限界革命のパイオニアとしての国際的名声という点で大いに損をしたと述懐している．しかしメアリー・ベイリーとの結婚を機に婦人学生の経済学教育に勤しんだり，ケンブリッジ大学退職後は研究奨学金を提供したりと多様な活動をしている．まさに当時のケンブリッジの総帥とも言える人物である．エッジワースは，ケインズの後

を襲って長く『エコノミック・ジャーナル』の編集主幹を務めた人物である．またラムジーに関しては大瀧（Ⅳ-2）を参照されたい．

　第三部では，まずジェボンズが取り上げられる．総じてケインズはジェボンズに対してやや同情的である．経歴は同じ限界革命の始祖であるマーシャルから比べれば，格段に地味である．また堀内はここに記していないが，彼はマーシャルに終生気を使っていた．しかしケインズは彼の業績を正しく捉え，ジェボンズの著『経済学理論』は「「主観的評価」と「限界理論」をきちんと評価したとケインズは述べている」（堀内）．筆者はこういった記述に接すると，人生というものの複雑さを感じることを禁じ得ない．世俗的意味において，生前のジェボンズは必ずしも志を遂げたとは言えなかろう．しかし彼がマーシャルやワルラスと共に限界革命の祖であることは，今日の揺るがぬ評価であろう．泉下のジェボンズはいったい何を想うであろうか．

　続いてニュートンが現れる．ニュートンの経歴は堀内がまとめている通りであるが，筆者は，ケインズがニュートンに少なからぬ関心を持っていたこと自体に興味を覚える．おなじ革命的業績を挙げた者同士で一方は占星術・錬金術に，今一方は通貨・貨幣に異様な興味を持っている．やはり彼らが発見した法則の中に「神」を感じたのだろうか．こういう観点から個の小伝を読んでみるのも一興だろう．

　最後にメアリー・マーシャルが登場する．言うまでもなくアルフレッド・マーシャル夫人であるが，多才な彼女が結婚後まもなく家庭に入ったことは，今の世情ではしっくりこないかもしれない．しかしこれが一世紀以上前の話であり，かつ精力的な研究者の多くは，時に精神的な負荷に耐えかねる状況に陥ってしまうことが珍しくないという事実もまた認識したうえで本章を読まれることを勧める．

　「フランク・ラムジーの1つの描像」（Ⅳ-2大瀧）は，ラムジーの経済学・哲学・数学に関する研究の一片を紹介したものである．筆者はラムジーの思想の根本には，生きることへの肯定とそれへの上品な好奇心が

横たわっているように思う．言語が多義性を持ちながらも，一定の意味内容を正確に伝えることができることへの興味・探究心には，心踊らされる．また期待効用仮説に立ちながら，人々の行動から逆にその主観的確率を推定しようという逆転の発想は，常人のなせる業ではない．彼にとっての経済学は，ある意味では余技であったかもしれない．ケインズはラムジーに，他の道よりも，直接的に人間・社会のあり方を分析する経済学に進んでほしかったようであるが，これは彼の夭折もあって，叶わぬ夢となった．しかし遺された作品は，2つとも今に至るまで経済学に大きな影響を与えている大変な名作である．ここではそのうち，『貯蓄の数学的理論 (The Mathematical Theory of Saving)』を取り上げたが，ありきたりの理論経済学者なら効用積分の発散が怖くて手が出ない，時間選好率0の成長理論をわずか数頁で，熱心な学部上級生でも理解できるほど咀嚼して書き上げている．知ってしまえばだれもが復元できるほど平明であるが，決して凡人には気付くことができないことを（これを「事の本質」と呼ぶべきだろうか）見出す者こそが，天才の名に値する．芥川龍之介に「天才とは僅かに我々と一歩を隔てたもののことである．ただこの一歩を理解する為には百里の半ばを九十九里とする超数学を知らなければならぬ」（侏儒の言葉）というアフォリズムがあるが，ここには「超数学」の実践がある．

本書の掉尾を飾る「E. H. カーのソ連史研究──戦間期から戦後期へ」（IV-3 塩川）は，大著『ソビエト・ロシア史』を中心に，カーの著作で最も読まれていると思われる『歴史とは何か』や大著の縮約版である『ロシア革命史』まで含んだ，盛りだくさんの内容となっている．塩川はカーの「社会主義」（新しい社会）を，ソ連（＝共産主義）とは一線を画した西欧的な社会民主主義であったと規定する．そのうえで内政また対欧米関係で西側のソ連評価が揺らぐ中での，カーの苦悩に満ちた研究が浮き彫りにされる．しかしそれを踏まえて，本章の末尾で指摘される「「歴史の審判」とは，どこかの時点で「最終審」が出るものではなく，数十

年ごとに「再審」にさらされる可能性をもつもの」，そして「歴史家を突き動かす原動力としての歴史観・世界観と，その産物たる著作そのものの評価とは区別して考える必要がある」との塩川の主張は，歴史学のみならず理論経済学にも当てはまる．

　序論の第1節でも触れたように，現在の日米の経済政策は，初等の教科書にある古びたケインズ解釈に依拠している．財政危機にある両国でこのような政策を維持できるのか．この問題を論ずるだけの理論的発展がないまま，剣呑なマクロ政策が打たれている．これは「ケインジアン」と称する人々が，近々「歴史の再審」に立たされることを予想させる．またケインズやカーの思想には共助の心があったと筆者は確信するが，今の「ケインジアン」は富者の側である．歴史観・世界観とその産物たる著作の評価を分ける努力も早晩不可避である．

8　読書の幅を広げる楽しみについて

　最後に本書の特徴として，各章末にブックガイドが付されていることが挙げられる．ブックガイドのブックガイドとは面妖な，と思われる向きもあるかもしれない．しかしここに挙げられている17冊の古典のような大きな太い幹は，必ず逞しい枝葉を持っている．さらなる探究のために，こうした工夫を凝らした次第である．

　世には「積極的読書」と「消極的読書」があると，筆者は思う．「消極的読書」とは，大学で「教科書」として指定された本を，しぶしぶインターネットで買い，講義が終わればそれでその本とも縁が切れるような読書である．もちろんそんな本を書く書き手側の責任が大きいのだが，これでは学んだことが有機的に結合して，ひとかたまりの知識・教養として定着することがない．

　これに対し「積極的読書」とは，書店に赴きお目当ての本だけでなく，関連しそうな面白い本や全く関連のない分野でも気になる本を買い

漁る行為である．それは当座「積読」でもよいのである．やがて，そのうち何冊か（一冊でもよい）は芽吹いて，心の中に残る存在となるであろう．古典・良書は上質な酒の味と同じで，若いころにはわからなかったものが，人生経験を積むに従い，「ああ，あの時の文章はこういう意味だったのか」と知ることができる．

　本を購入することは自分への投資であり，投資にはリスクが付き物であることを是非思い出してほしい．本にはその本自体の香りと格調がある．著作の内容は勿論のことだが，慣れてくるとそのタイトル・装丁や紙質・印字の具合で，その本の有り様をある程度想像できるようになる．こういう試行錯誤を通じて，本当の良書を見つける技術を高めるのも，「積極的読書」の1つの楽しみである．

I

第一次世界大戦の帰結と全体主義勃興の危機

I-1

J. M. ケインズ『平和の経済的帰結』

一世紀を経てなおも息づくケインズの鳴らした警鐘

神藤浩明 JINDO Hiroaki

大戦の悲劇から学ぶ――癒えない傷跡

　オーストリア・ハンガリー帝国のセルビアへの宣戦布告（1914年7月28日）による第一次世界大戦開戦から既に1世紀が経過した．大戦は1917年4月2日のアメリカ参戦を経て，ドイツがウィルソン米大統領の「14ヵ条の平和原則」を承認し，休戦条約に調印した1918年11月11日までの約4年半の長期間に及ぶ，欧州全体を巻き込む大惨事となった．

　100年目の節目にあたった2014年には，多数の犠牲者を出した欧州各地では，戦争への反省と平和への誓いを新たに様々な式典が催された一方で，開戦の引き金となった1914年6月28日に起こった「サラエボ事件」（オーストリア・ハンガリー帝国の皇太子夫妻がセルビア人民族主義者ガブ

ジョン・メイナード・ケインズ
『ケインズ全集　第2巻　平和の経済的帰結』
早坂忠訳，東洋経済新報社，1977
Keynes, J. M.（2012）. *The Economic Consequences of the Peace*. The Collected Writings of John Maynard Keynes II. Cambridge: Cambridge University Press.

リロ・プリンツィプに暗殺された事件）の舞台であるボスニア・ヘルツェゴビナの首都サラエボにおいては，国家レベルの行事は開かれず，EU各国首脳の訪問もなかったという極めて対照的な光景だったという．その背景には，当該事件の位置づけを巡り，ボスニア内部や近隣の旧ユーゴスラビア諸国間にある歴史認識の違い，すなわち，暗殺犯は英雄なのかテロリストなのか見解の一致をみていないことが影響しているとされる．悲しいかな，1世紀を経ても和解が進まない現状をみるにつけ，大戦の傷跡は完全にはまだ癒えていないのだ．

　われわれが，この大戦の悲劇から教訓として学ぶことは何であろうか．現代の国際情勢を見渡すと，ロシアのウクライナへの軍事介入，アメリカのシリア政権軍の空軍基地攻撃，北朝鮮の執拗な弾道ミサイル打ち上げや核実験による挑発行為をはじめ，過激派組織「イスラム国（IS）」の関与によるテロが世界各地に拡散するなど，第三次世界大戦には至らずとも，地域紛争レベルの緊張感は絶え間なく続いている．そして，2010年以降繰り返されるギリシャ債務危機，イギリスのEU離脱（Brexit）やアメリカの環太平洋経済連携協定（TPP）からの離脱表明などに象徴される自国第一主義の標榜，欧州における反EUで反移民のポピュリズム（大衆迎合主義）政党の躍進など，国際情勢を揺るがす不穏な動きは枚挙に暇がない．イギリスを除く27加盟国首脳が出席して2017年3月25日に開催されたEUの礎を築いたローマ条約制定60周年を祝う記念式典にも，そこはかとなく不協和音が漂った．

　こうした不安定で不確実な状況は，少し長い目で俯瞰すると，21世紀以降，急速に進展したグローバリズムが，2008年9月のリーマン・ショックを契機として転機を迎え，地政学リスク，反グローバリズム，排外主義がはびこる不寛容な社会が台頭したことと軌を一にしているのではないか．そうであれば，当時の大戦前後の時代背景との対比を通して，今こそ歴史に学ぶ意義は大いにあるといえよう．

ジャーナリストとしての名声を一躍高めた著作

『平和の経済的帰結（The Economic Consequences of the Peace）』は，経済学者ジョン・メイナード・ケインズが1919年12月に世に問い，ジャーナリストとしての名声を一躍高めた著作である．第一次世界大戦の敗戦国であるドイツへの法外な賠償請求について，統計データに基づき独自に試算した賠償案を提示，批判した警世の書として知られるとともに，後の国際金融システムの伏線となる提唱を試みている点でも高い評価を得ている．同書の学問的意義は以下の3点に集約できる．

第一に，現実の経済に関心を払い，直面する課題に対する解決策をタイムリーに提示することこそが経済学の使命であることを，身をもって示してくれたことである．ケインズの理想とする経済学者像は歯科医といわれるが（「孫の世代の経済的可能性」），同書はまさにそれを自ら実践した格好のお手本といえる．初版本は，イギリス大蔵省の首席代表および最高経済会議の大蔵大臣代理の地位を辞した，1919年6月末から10月中旬までの3ヵ月と数週間という極めて短期間に書きあげている．繊細で複雑な経済的組織が大戦により既に破壊されてしまった中で，1919年6月28日に締結された平和条約の履行が更に破壊的行為を加速させてしまうことを危惧した齢36歳のケインズは，その痛烈な批判の矛先を，母国イギリスとアメリカの無自覚さに向けた．大きな歴史的転換点に直面した一人の人間として無関心ではいられず執筆に駆り立てたのは，「冷徹な頭脳と温かい心（cool head but warm heart）」そのものであったに違いない．

第二に，事の本質を，決してタコツボに陥ることなく，大局的な見地から鋭く見抜くにあたって，統計データを実に効果的に使っていることである．近年，エビデンスに基づく政策判断が重視される中，説得力のある統計データの使い方のよき模範例として，経済学徒が見習うべき点である．ケインズは経済学の本質をモラル・サイエンスとしてとらえて

いたため，計量経済学の先駆的業績を築いたティンバーゲンに批判的であったが，現実の経済を分析するにあたっての統計の重要性は認識していた．そのことは，平和条約にドイツの支払うべき賠償額が概算総額ですら示されなかった状況下で，当時の欧州経済の相互依存関係を統計データで把握したうえで，ドイツの賠償支払い能力を試算した点において，遺憾なく発揮されている．特に，連合国別の賠償推定額と，弁済形態別に積み上げた推定額を突合すると，年賦払いを考慮しない限り，現状のドイツには負担能力がないということを明示したのは見事というほかない．

第三に，事の本質を解明するには，若い頃から関心を幅広く持ち，様々な資質を総動員できるセンスが重要であり，学際的な視点での研鑽が必要なことを学ばせてくれることである．ケインズは，経済学の研究には，人並み外れた高次の専門的資質は必要ないが，経済学の大家は諸々の資質の稀なる組み合わせを持ち合わせる人，例えば，ある程度まで数学者で，歴史家で，政治家で，哲学者でなければならないと説いている（『人物評伝』）．ケインズが単なるエコノミストの器に収まらない，異彩を放つ偉大な人物であったと言われた根拠は，1870年以降の約半世紀にわたる戦前の欧州がいかに不安定で特異な状況にあったかを，あたかも詩人のごとく描写した筆致や，新たな国際秩序における自国の優位を勝ち取り，ドイツをできる限り弱体化させようと企む英仏の策略を巡る攻防の有様を，パリ講和会議に臨んだ4巨頭のうち，オルランドオ伊首相を除く，クレマンソー仏首相（講和会議議長），ウィルソン米大統領，ロイド・ジョージ英首相の人物像に各々投影し，外見と内面を織り交ぜながら秀逸な表現で描写した部分に象徴的に表れている．

戦前欧州の不安定化と平和条約の性質——概要と社会的影響

同書は，「序文」において，ケインズが平和条約の諸条項の草案に実

質的な修正が施せないことが明らかになった絶望感を吐露するとともに，欧州の経済諸問題に対するパリ講和会議の全ての政策への反論の論拠を明らかにするとしたうえで，「第1章 序論」「第2章 戦前の欧州」「第3章 会議」「第4章 条約」「第5章 賠償」「第6章 条約後の欧州」「第7章 救済策」の全7章立てで構成されている．以下では，特筆すべきケインズの見立てに焦点を絞り，同書の概要とその社会的影響について紹介する．

第一次世界大戦前の欧州がいかに不安定で特異な状況に置かれていたかという認識が同書の分析の出発点となっている．極めて脆弱な基盤の上に立っていた戦前欧州の経済的組織は，様々な諸要因の微妙なバランスによりその不安定性が顕在化しなかっただけであって，大戦勃発時に既に欧州経済に内在していたこれらの不安定要因をしっかり認識していれば，平和条約の性質とその諸帰結を正しく評価できたのではないかというのがケインズの見立てである．

ケインズが指摘した不安定要因は以下の4点である．①ゲルマン民族体制の発展による中央ヨーロッパの人口急増がそれを支える経済的組織との間にアンバランスをもたらす可能性があること．②欧州全体が今や世界最大の商工業国となったドイツの影響下にあり，欧州全体の繁栄が主としてドイツの繁栄と進取の気性に依存していたこと．③欧州は富の分配の不平等（資本家階級は未来のために貯蓄に励む一方，労働者階級は僅かな蓄えで生計をたてるよう強制，説得，籠絡される境遇）を基礎に，最大限の資本蓄積が可能となるように組織されており，この原理が不安定な社会心理状態に依存していたこと．資本主義体制の正当化の主要な根拠がまさにここにあり，ケインズが資本主義の不安定性をこの時点で早くも見抜いていたのは慧眼である．④旧世界（欧州）の余剰資本財が新世界（アメリカ）に輸出される代わりに，アメリカの安価な食糧や原料が欧州に輸入されるという両世界の関係が，アメリカの人口増加の結果，不安定になりつつあったこと（欧州が食糧供給をアメリカに完全依存していたことの不安

定性).

　1918年11月5日の休戦協定では，連合国諸政府がドイツとの平和を進んで講じていく旨を宣言したにもかかわらず，全世界へ示された賢明にして寛大なる精神がパリ講和会議の場で失われてしまったことをケインズは嘆いた．そして，平和条約がドイツを窮乏状態に追いやり，将来の発展を阻害するために，戦前のドイツ経済体制が依存していた主要な3つの要因（a. 商船隊，植民地，外国投資，輸出，商人の対外取引関係に代表されるドイツの対外通商，b. 石炭と鉄の採掘およびその基礎の上に築かれた工業，c. 運輸と関税組織）のうち，とりわけa.とb.の2つの要因の組織的破壊を目指していると喝破した．b.の要因については，ルール，上シュレージエンおよびザールの大炭田の優れた技術による採掘こそが，ドイツを欧州大陸第一の工業国として確立させ，鉄鋼・化学・電気産業を発展させたとケインズが認識していたことから，ドイツの石炭供給が平和条約により打撃を受けると考え，ケインズ自身の試算を示したうえで，ドイツの現在の産出力では，国内消費を全て満たせないばかりか，連合国向け輸出にすら充当できないことを明らかにした．

賠償額の独自検証とインフレの脅威

　連合国側がドイツに請求できる妥当な損害賠償額が示されない中で，ケインズがドイツの賠償額を精緻に試算した部分は，同書の中で最大の頁数を割いて書かれており，経済学者としての面目躍如たるハイライトとして位置づけられるといっても過言ではない．

　連合各国で巷間言われていた賠償要求額は，ベルギー（11.81億ポンド以上），フランス（26〜53.6億ポンド）とイギリス（200あるいは240億ポンド以上）を除くと，必ずしも明確に読み取れないが，各国別の賠償推定額をかなりの確信をもって積み上げ21.2億ポンドと見積もったケインズからすると，いずれも法外なものと映った．すなわち，ドイツに対する

表1　ケインズによるドイツの形態別弁済能力の推定額

項目	推定額
①即時譲渡可能な富(除く金および銀)	最大限2.5～3.5億ポンド※1
金および銀	0.6億ポンド
船舶	1.2億ポンド
外国証券	1～2.5億ポンド※1
対外純投資	10億～12.5億ポンド
〈控除4項目計〉	概算10億ポンド※1
(1) 連合国およびアメリカ向け投資	2～3億ポンド
(2) ロシア・オーストリア＝ハンガリー・トルコ・ルーマニア・ブルガリア向け投資	5億ポンド
(3) 戦時中の証券の転売と担保としての提供分	1億～1.5億ポンド
(4) 国外もしくは国内に安全に秘匿された証券	1億ポンド
②割譲領土内に存在する財産もしくは休戦により引き渡された財産の価値	0.8億ポンド
割譲領土内に存在する財産	0.3億ポンド
休戦により引き渡された財産(鉄道車両)	0.5億ポンド
③控除項目：休戦期間中ならびに平和条約締結後の占領軍の費用	約2億ポンド
小計(①+②-③)	1～2億ポンド※1
④現金，石炭類・カリ・染料等の物資による長期間にわたる年賦払い	30年間の現在価値ベースで元本総額約17億ポンド※2
合計(①+②-③+④)	最大限20億ポンド※1

※1　細目を積み上げた金額，あるいは小計から導かれる金額とは必ずしも一致しないことに留意．
※2　毎年1億ポンドの貿易黒字を前提に利子率5%，元本の年賦償還率を1%とした場合の金額．

　妥当な請求額は，恩給と別居手当の見積額50億ポンドを除けば，16～30億ポンドの間にあり，概算で総額20億ポンドに落ち着いていたならば，ドイツが支払い不能に陥ることはなかったのではないかとみなした．

　さらに圧巻なのは，その賠償推定概算総額20億ポンドについて，ドイツが本当に支払えるかどうかを弁済形態別に検証して裏付けたことである．表1はその詳細を整理したものであるが，実に緻密で，かつ細やかなところまで目配せが利いている．

　ここでの検証から，ケインズは2つの確信を得て，世間に対してド

イツの窮状を訴えた．1つは，当時のドイツの社会・経済状態に照らすと，賠償委員会が10億ポンドの早期支払いを求めていた1921年5月1日までの間に貿易黒字を生み出すのは困難と見込まれ，賠償の財源は表1の小計に示された1～2億ポンド以外には期待できないこと．もう1つは，表1の④「長期間にわたる年賦払い」の推定にあたって，ドイツの戦前1913年時点の貿易赤字という輸出入構造を基礎とする丹念なデータ分析を通じて，輸出可能な商品と，その輸出市場先を見極めて，賠償に充てられるだけの貿易黒字拡大の確証を得られるかどうかという点に着目しても，ドイツの弁済能力の確実かつ最大限の数字は20億ポンドにとどまると予想されることから，巷間言われる法外な賠償請求額がいかにドイツの実勢を踏まえない現実離れした数字であるかを示したことであった．

　さらに，ケインズの問題意識は大戦後も欧州で進行し続けるインフレーションの脅威に向かう．「資本主義体制を破壊する最善の方法は通貨を台無しにすることだ」と宣言したレーニンを引き合いに，その主張の正当性を支持する．インフレの進行は，国民の富を没収し，既存の富の分配を不公平にし，資本主義の根幹をなす債権者・債務者間の永続的な関係を混乱させる．インフレ対策として，物価統制により通貨の国内購買力の幻想を国民に植え付けることの危険性と外国貿易に対する悪影響を強く訴えた．併せて，ロシア，ハンガリーやオーストリアでみられる想像を絶するほどの悲惨な生活と，迫りくる社会の解体に警鐘を鳴らし，終息の兆候がみられないインフレをいかに気にかけていたかがわかる．

先見的な救済策

　賠償額をドイツの支払能力の範囲内に抑え，その領土内に希望と進取の気性の再生を可能にし，賠償委員会の権限を骨抜きにすることを使命

と感じたケインズが提示した救済プログラムは，欧州各国政府首脳の交替を不可欠の前提としたうえで，(1)条約の改正，(2)連合国間の債務の清算，(3)国際借款と通貨改革，(4)中央ヨーロッパとロシアの関係という 4 つの視点からなる．

提案(1)は，国際連盟を通じて働きかけなければならないというのがケインズの信念であったが，賠償，石炭と鉄，関税の 3 項目に焦点を絞って，大幅な変更を提示した点に特徴がある．その主要なポイントは，賠償額を 20 億ポンドと定め，うち 15 億ポンドの返済は 1923 年から 30 年間の無利子で 0.5 億ポンドの年賦払いとすること．年賦払いの方法はドイツに一任することを認め，ドイツの義務不履行への不満は国際連盟に託すこと．賠償委員会は解散するか，存続の場合は国際連盟の付属機関と位置づけ，ドイツおよび中立諸国の代表も参加させること．石炭に関する諸条項を緩和し，鉄との交換を可能にすること．既設の石炭委員会を改組し，欧州全体の石炭の供給・分配を巡る参加国による共同システムへ拡大すること．そして，国際連盟の賛助の下で自由貿易同盟を設立し，いかなる保護関税をも課さないことであった．

提案(2)と(3)は，ドイツの賠償額を大幅に削減するため，連合国相互間の賠償割当額の再調整が必要になることから提示されたものである．イギリスのベルギー，セルビア，フランスに対する現金支払請求権の放棄を求め，ドイツの賠償額のうち 15 億ポンドは，ドイツの侵攻により被害を蒙ったこれらの国々や地方の物質的危害の回復に充てられうるに十分足る金額との確信の下，さらに 2 つの金融上の提案が行われている．

1 つは，連合国相互間の債務（連合ならびに協同国の諸政府間での債務）を完全に相殺すること．相互間の債務の清算を行わない限り，結局のところ連合国同士が相互に賠償金を支払わざるを得ない状態に陥り，各国の国民感情にも悪影響を与える可能性があるだけでなく，財政金融面の安定に対する脅威となるからである．

もう1つは，援助国になりうる立場のアメリカをはじめイギリスおよび中立諸国による，欧州大陸の交戦諸国全てに対する対外購買用の信用供与という形での国際借款を支持したこと．その元本と利子の返済が他のいかなる政府債務よりも優先されることを前提として，最初の供与額を2億ポンドと想定，それと同額の，国際連盟の全加盟国が応分に拠出する保証基金を設立することができれば，通貨の再編成を実行しうるというアイデアである．

　提案(4)は欧州の経済復興と切り離せない決定的な重要性を持つ．軍事的観点からは，ドイツのスパルタクス主義（Spartacism）が勝利すれば革命への序曲となり，それがロシアの過激主義（Bolshevism）勢力を再生させ，ロシアとドイツの間で恐れられている軍部同士の同盟が促される可能性があるのではないかとの懸念があった．ケインズは，戦前の西ヨーロッパと中央ヨーロッパがロシアから輸入穀物の相当部分を得ていたという基本的経済要因に基づき，ロシアの貿易，生活の安寧や正常な経済的動機を復活させることが重要であり，欧州の恒久的利益にとって有害なロシア封鎖を止め，ドイツを欧州における富のオーガナイザーとしての地位に再び就かせることが，求められる対ロシア政策ではないかと考えた．欧州人種間に精神的連帯性はなくとも，経済的連帯性の存在こそが命綱になるとの見立てである．

　絶望的な経済的窮乏状態にある人々に，希望の助言を与え，改善の展望をもたらすものは決して革命ではなく，世論を変える知識力と想像力を働かせることのみである――ケインズのこの切なる思いが具体的なビジョンとして結実するには，われわれは1936年刊行の『雇用・利子および貨幣の一般理論』まで待たなければならない．

現代グローバリズムへの警鐘――同書の現代的意義

　今世紀の世界金融危機を通して，資本主義システムに本来的に内包さ

れている不安定性・不確実性・複雑性の存在があらためて浮き彫りになった．ケインズは当時の時代背景の中で，それをいち早く世に知らしめ，現実を直視したうえで将来へ向けた希望のインプリケーションを提示した．最後に，同書の現代的意義を，大戦の教訓が現代グローバリズムへの警鐘につながるのではないかという視座から捉え直してみよう．

大戦勃発の背景には，大戦前までの「第一次グローバル化」の時代 (19世紀後半から20世紀初頭) における民族主義の勃興と，制御を失ったナショナリズムの存在が指摘されることが多い．翻って1980年代以降2008年9月のリーマン・ショックまでの「第二次グローバル化」の時代を経て，現代の国際情勢は冒頭で指摘したとおり，ふたたび不穏で不安定な状況に置かれている．当時も今もグローバリズムとナショナリズムの相克の只中にある点できわめて似ているのだ．

また，当時は大英帝国を中心として一世紀にわたる平和が維持された「パックス・ブリタニカ」の終焉と「パックス・アメリカーナ」への移行の時期とも重なる．現代は，バーゲニングパワーが減衰しつつも巻き返しを図らんとするアメリカと，景気減速下でも東シナ海の海洋開発等で国力を誇示せんとして台頭する中国との覇権争いの中，「Gゼロ」といわれる権力分散の多極化時代である．中国主導で2015年末に設立されたAIIB（アジアインフラ投資銀行）は，国際金融システムの多極化を象徴している可能性もある．後世において2015年はアメリカが第二次世界大戦後70年間主導してきたIMF（国際通貨基金）・世銀体制の転換を，中国から迫られた歴史的な年と記されるかもしれない．

2015年6月末をもって，ギリシャが先進国初のIMF延滞国となった．欧州債務危機の抜本的解決策の成否は，もはや償還期限の延長と利払いの繰り延べではなく，ECB（欧州中央銀行）の後ろ盾となる統一的な財政当局の創設と，ドイツやフランス等の債権国が勇気ある債権放棄にまで踏み込むことができるかどうかにかかっている．財政主権の統合によって各国間で積み上がった債権債務関係の秩序ある整理には政治的決断が

求められるが，その構図はまさにケインズが直面した戦後処理問題とオーバーラップする．ドイツに法外な賠償を負わせたことに端を発するナチの台頭，第二次世界大戦という悲惨な帰結に至ったという歴史的事実を，われわれは謙虚に受けとめる必要があるだろう．欧州各国の EU 離脱の連鎖が懸念される中，今度は欧州の盟主としてドイツが歴史に学ぶ番であり，欧州の命運を握る極めて重要な役割を担う立場になったことを自覚する必要がある．

　グローバル化の行方を的確に見定めることは難しいが，金融危機以前ほどの勢いには戻らない，ゆっくり進展する「コントロールされたグローバリゼーション」，あるいは，世界は「統合」から「分裂」へ，地域的な解決策に焦点が移るという色彩が濃厚になりつつある．

　グローバリズムとナショナリズムの両立を図るうえで参考となる興味深いエピソードがある．アメリカ建国の父の一人であるベンジャミン・フランクリンが，社会での成功のために必要な 12 項目（節制，沈黙，規律，決断，節約，勤勉，誠実，正義，中庸，清潔，平静，純潔）の価値リストを友人に見せたところ，大事な項目として「謙虚」が抜けていると言われたとされる．ここでの謙虚さとは，相互理解，知識の共有へ努力する態度であり，現代における良質なリーダーシップに不可欠な要素ではないか．ドイツに対するアメリカをはじめとする各国の寛容な精神に裏打ちされた謙虚さがあれば，大戦後の悲劇は免れたかもしれない．

　世界の政治指導者たちは，些細なパワーバランスの喪失にこそ手に負えなくなる事態に発展する危険性が常に内在していることを肝に銘じ，寛容な精神に裏打ちされた謙虚さを維持し続けなければならない．寛容は多様性への評価でもある．ケインズの鳴らした当時の警鐘は，一世紀を経てなおも厳然と息づいているのである．

読書案内

- ダニ・ロドリック（2014）『グローバリゼーション・パラドクス——世界経済の未来を決める三つの道』柴山桂太・大川良文訳，白水社．

  民主主義，国家主権とグローバリゼーションは同時追求できないというトリレンマの存在を認識できる好著．グローバル化の先行きが不透明な現在，世界経済の安定を取り戻すにはこの3つのうちのどれを優先すればよいのかを一度立ち止まって考えるうえで有益．

- 林健太郎（1963）『ワイマル共和国——ヒトラーを出現させたもの』中公新書．

  第一次世界大戦後からナチスが政権をとるまでの14年間のドイツの歴史を俯瞰できる．ワイマル共和国が永続できなかった理由と恐るべきナチス出現の原因を探り，国民生活の安定の基盤をなす健全な中産階級の没落をもたらしたインフレーションの脅威を理解する一助となる．

- マックス・ヴェーバー（1980）『職業としての政治』脇圭平訳，岩波文庫．

  第一次世界大戦で母国ドイツの敗北を体験したナショナリストであるヴェーバーが，革命の空気漂う1919年1月にミュンヘンのある学生団体向けに行った公開講演録で，マキャヴェリの『君主論』と双璧をなす20世紀政治学の古典．政治の本質的属性は権力であり，政治とは，権力の中に身を潜める悪魔の力と手を結ぶようなものだというメッセージが，国際情勢が不穏な今だからこそ胸に刺さる．現代の政治家に自戒を促す指南の書としても読める．

I-2

J. M. ケインズ『条約の改正』

「ケインズの政治学」を想像する
宇野重規 UNO Shigeki

政治人としてのケインズ

　『条約の改正』は，原著の書名からも明らかなように，ケインズの前著『平和の経済的帰結』(1919年) の続編として執筆され，1922年に刊行されたものである．1918年，第一次世界大戦終結にともなうパリ講和会議にイギリス大蔵省の主席代表として参加したケインズは，ドイツへの過酷な賠償を求める平和条約に激しい不満をもち，条約の締結に先立って大蔵省に辞表を提出，イギリスに帰国する．ケンブリッジに戻ったケインズが直ちに執筆した批判の書が，『平和の経済的帰結』であった．この書は直ちに大きな評判をよび，ケインズの国際的な知名度を一気に高めることになる．ある意味で，同書は純粋な経済学の書である以上に，きわめて政治的な著作であった．ケインズ自身もまた，経済学者

ジョン・メイナード・ケインズ
『ケインズ全集　第3巻　条約の改正』
千田純一訳，東洋経済新報社，1977
Keynes, J. M. (2013). *A Revision of the Treaty: Being a Sequel of the Economic Consequences of the Peace*. The Collected Writings of John Maynard Keynes III. Cambridge: Cambridge University Press.

というよりは，高級行政官，そして政治的言論人としての相貌を，同書においてよく示している．

『条約の改正』においてケインズは，この前著の論点を(1)連合国がドイツに対して考えている請求額は支払不可能なものであること，(2)ヨーロッパの経済的連帯性はきわめて緊密であるがゆえに，このような額の請求を強行しようとする試みはすべての人を破滅させるであろうということ，(3)フランスとベルギーにおいて敵国によってなされた損害の貨幣額算定には誇張があるということ，(4)われわれの請求額の中に恩給と諸手当を含めることは信義に反するということ，(5)ドイツに対するわれわれの正当な請求額は，ドイツの支払能力の範囲内であるということ，の5つに分けて整理している（Keynes, 2013, p. 69/邦訳 p. 78）．その上でケインズは，「私は，基本的論点に関しては，なにもとくに新しく付言するものをもたない」（前掲書，p. xv / p. xxiii）と書いており，その意味では，同書は，前著の基本的主張を変えるものではなく，執筆後に新たに生じた事態に基づき，必要な訂正と増補を行ったものであると言える．

それでは，同書は，文字通り前著の「続編」あるいは「付録」に過ぎず，それ自体としての価値に乏しい書物なのであろうか．そうとは言い切れない．前著が高度に政治的な著作であったのと同様，同書もまた政治的な著作であり，とくに世論の形成や変化について大きな関心を払う民主主義論でもある．『平和の経済的帰結』が，会議の中心人物であったクレマンソー，ウィルソン，ロイド・ジョージらについての人物叙述において精彩を放っているとすれば，本書『条約の改正』は世論のあり方それ自体について，より多くの叙述を含んでいる．その意味で，政治人としてのケインズを知る上で，同書は独自の素材を提供してくれていると言えるだろう．

「外部の意見」と「内部の意見」の間で

　第一章の「世論の状態」は，ケインズの世論についての見方がよく示された章である．前著『平和の経済的帰結』においても，ケインズは大国指導者の背後にある世論の圧力を敏感に感じとっていた．とくにイギリスのロイド・ジョージ首相の場合，1918年に総選挙を行い，戦勝直後ということもあって与党が圧勝していた．その際に首相が国民に約束したドイツに対する強硬な賠償要求は，その後の講和会議における彼の行動の自由を制約する要因となる．各国の首脳は，会議において他国の首脳とかけひきを展開すると同時に，背後にある自国の世論を絶えず意識せざるをえなかったのである．

　この点についてケインズは，「大衆が要求するままに愚劣なことを口にし，発言したことと両立すること以上になにも実行しないというのが，現代政治家のゆきかたである」（前掲書，p. 1 / p. 1）と手厳しい．ロイド・ジョージ首相についても，仮に彼が，条約が賢明でなく，一部実行不可能であることを自覚した上で，それでも民主主義の政治家としてやむをえず行動しているとしても，自分には「大衆の幸福のために誠実を犠牲にする」（前掲書，p. 2 / p. 2）義務はないと言い切る．その意味で言えば，ケインズはあくまで大衆民主主義に批判的であった．

　ただし，前著と同書の間には変化がある．すなわち，『平和の経済的帰結』を執筆以後，ケインズ自身，自らの主張が，少なくとも政治や行政の専門家たちの間では受け入れられているという実感を得ていた．だからこそ問題は，そのようないわばプロたちの「内部の意見」と，彼らがジャーナリズムや一般世論に向けて話す「外部の意見」とが乖離していることであった．

　さらに事態を複雑にしているのが，「外部の意見」にもまた2つの種類があるということであった．すなわち，新聞などのジャーナリズムで語られる言葉と，多数の一般市民が個人的に真実であると考えるものと

の間にもまた，明白な相違があるとケインズは言う．彼のみるところ，1919年の時点においてすら，平均的なイギリス人は実際には賠償のことなど信じておらず，ある程度割引して考えていた．にもかかわらず，当分，そのような賠償を要求しても実害はないし，そうすれば気も休まる，ならば，ということで，新聞の紙面を飾ったのは教条的で独断的な態度であった．その意味で言うと，現代政治家というものは，「内部の意見を理解するために十分な知力と，内部の意見と外部の意見を発見するのに十分な同情心と，そして外側の外部の意見を表出するに十分な厚顔とをもたなければならない」（前掲書，p. 4 / p. 5）とケインズは言う．彼らしい皮肉のきいた表現であると言えるだろう．

とはいえ，ケインズはいまや状況は変わりつつあるとみる．現実の重みゆえに，いまや内部の意見が力をもちつつあり，「大衆に思慮深く語りかけることはもはや無益な軽挙ではない」と彼は言う．このことを前提に，ケインズは以下，事件の記録と現状の説明，そしてなすべきことの提案をしていく．

領土問題と賠償問題への評価

第二章の「ヴェルサイユ条約の批准から第二回ロンドン最後通告まで」は，ヴェルサイユ条約の批准，発効ののち，相次いで行われた国際会議の様子を解説したものである．そこで論じられたのはまず領土問題であり，次いで賠償問題であった．

領土問題については，ヴェルサイユ条約の批准後，シュレースヴィッヒ，東プロシア，上シュレージエンの各地で住民投票が行われ，その結果としてこれらのほとんどがドイツに帰属することが決められた．ところが，これをフランスが承認しなかったことから，問題は新たに設立された国際連盟に付託されることになる．国際連盟は人種的・民族的公正をはかって工業地帯を二等分したが，ケインズはこの決定について批判

的であった．ケインズのみるところ，国際連盟には「人種と国民性の違いを貿易と文化の結びつき以上に強調してそれに威厳を与え，また幸福ではなく国境を保証するというウィルソンのドグマが深く浸透」（前掲書，p. 8 / p. 9）していた．結果として，このような国際連盟による実験がナショナリズムを強める方向に作用したとケインズはいう．そもそも，複雑な問題について，「良い決定というものは，公平で，利害関係をもたず，事情に精通していて，権威ある人々が${}^{\bullet}$す${}^{\bullet}$べ${}^{\bullet}$て${}^{\bullet}$の${}^{\bullet}$こ${}^{\bullet}$と${}^{\bullet}$を考慮に入れて下した場合にのみ，得られる」（強調点原文，前掲書，p. 7 / p. 9）．その意味で，日本のような極東からの代表を含む国際連盟がはたして，ヨーロッパの錯綜した領土問題について良い決定を下すことができるのか，ケインズは疑問を隠さない．

　賠償問題についても，議論は難航した．ヴェルサイユ条約は，ドイツが賠償すべき損害の種類について規定しただけで，その金額については連合国間の対立のため規定していなかった．そこで賠償の金額，支払い方法，受け取り金額の連合国間への配分などが直ちに問題になり，これらの問題について連合国首脳による多くの国際会議が開催されたのである．しかしながら，議論は容易に進まず，その間に専門家による賠償委員会も開催された．この委員会についてケインズは，政治家たちによって無視されて直ちには実を結ばなかったものの，「両方の官僚たちが非公式な形で会合し，合理的人間らしく討論した．彼らは，「国際官僚」とでもいわれるべきものの精鋭の代表であって，皮肉屋で，人情味があり，知的であり，事実と現実的処理を重視する強い傾向をもっていた」（前掲書，p. 14 / p. 16）と好意的に評している．

　しかしながら，1921年1月のパリ提案がドイツで激昂を呼ぶなど，ドイツと連合国の間での合意が難しかっただけでなく，連合国の間においても亀裂は埋められないままだった．結局，第二回のロンドン会議においてようやく最後通告が決定され，ドイツもこれを受諾することになる．ケインズはこれを評価する一方で，それまでの間の連合国のドイツ

に対する姿勢について,「ドイツに行動を強いたばかりか,さらにドイツが事実上受け入れなかった考えに無理やり同意させたことによって,ドイツの自尊心をいかに深く傷つけたかを,イギリスやアメリカは理解していなかったのである」(前掲書,p. 27 / p. 31) と指摘することを忘れていない.

「非現実的な賠償額」をめぐる予言

　1921年5月5日に連合国からドイツに伝えられ,数日後に受諾された賠償協定は,たしかにそれ以前の案にくらべ改善されたものであった.とはいえそれは,なおもドイツの支払能力を超える賠償の支払いを求めるものであった.それゆえ,協定は「一時しのぎ」に過ぎないと予言するケインズであるが,第三章の「ロンドン協定の負担」ではとりあえずその内容を検討している.

　ケインズは3つの観点から問題にアプローチする.第一が輸出と貿易収支の問題,第二が租税と予算の問題,第三がドイツの国民所得の問題である.

　第一の輸出と貿易収支の問題であるが,ドイツが海外に対して支払いをなしうるためには,輸入を上回る輸出を実現しなければならない.しかしながら,1920年の実績は赤字であり,21年も改善ではなく悪化を示していた.今後,債務を支払うには,輸入をそのままに輸出を2倍に増加させる必要があるが,それが実現すればしたで,イギリスの工業家の不満を呼ぶであろうとケインズは指摘している.

　第二の予算の問題であるが,債務は金マルク表示で決められているのに対し,歳入は紙幣マルク表示で徴収されるため,両者の関係はきわめて変動しやすい.それゆえ,マルク為替の崩壊が続くようであれば,予算を回復不可能なほど破壊することになるとケインズは予測する.「マルクが埋まっている動く砂の中には,われわれの議論のためのどのよう

な安全な足場を見出すことも困難である」(前掲書, p. 53 / p. 60). さらに, 連合国は個々のドイツ人から直接に支払いを引き出せるわけではなく, あくまでドイツ政府に圧力を加えて, どの個人にどれだけを支払わせるかを決定させるしかない. が, このことは結果として, ドイツ国内における階級闘争を激化させかねない. 債務支払を強行しようとする政府は必然的に権力の座から落ちることになるとケインズは予言した.

第三に考慮するのは国民所得である. 賠償請求額をドイツの人口6000万人で割ると, 一人あたり1170紙幣マルクとなる. これに対し, 流動的な社会状況において国民所得の推定値を得ることは容易ではないとしつつ, ケインズはさまざまなデータを駆使して一人あたり5000マルクという数字をはじき出す. ただし, ドイツ自体の中央・地方政府の負担もあるため, 5000マルクの43%, すなわち2170マルクが税金にとられることになる. 生活水準が低下し, 貯蓄もままならない現在の状況において, ロンドン協定の賠償請求額は非現実的であるというのが, ケインズの結論である.

賠償金額の見積り

すでに指摘したように, ヴェルサイユ条約はドイツが賠償を支払うべき損害の種類を規定したが, 損害額の評価は行っていなかった. この作業は賠償委員会に委ねられたが, ケインズは第四章の「賠償金額」で自ら賠償金額の見積りを行い, それを基準にして, 賠償委員会へ提出された各国の賠償請求額の妥当性を検討している.

『平和の経済的帰結』においてすでに, フランスとベルギーにおける物質的損害の額が誇張されていると主張したケインズであるが, 『条約の改正』でもあらためて北部フランスにおける損害額を検討する. その際, 『平和の経済的帰結』においては, 正確な統計が存在しないことから, 侵略された地域の戦前の富を考慮して, 合理的な請求額の最高限度

を決めることができただけであったのに対し，現在でははるかに多くの情報が使用できるとケインズは言う．例えば，家屋の損害である．フランス政府の請求額を，完全に破壊された家屋の数で割るケインズは，その多くが農民の田舎家や共同住宅であることを考えると，過大なものであると主張する．同様に家具類や産業上の損害，土地や森林の破壊についても検討を加えた上でケインズは，賠償委員会に提出された請求額は，事実の 4 倍，控えめにみても 2，3 倍に相当すると結論づける．これに対し賠償委員会は賠償請求額を 1320 億金マルクと決定した．これは要求された金額のおよそ 58％であったが，ケインズ自身の予測に近似するということで，彼は歓迎の意を表明している．ちなみにケインズは到達しうる厳密に公正な評価額として，1100 億金マルクという数字を示している．

ケインズの国際政治観

ケインズは『平和の経済的帰結』において，請求額の中に恩給と諸手当を含めることは自らの公約に反し，国際正義に反する行為であると主張していたが，このことについてあらためて触れたのが，第五章の「恩給に対する要求の適法性」である．恩給と諸手当に対する請求額は破壊に対する請求額のほぼ 2 倍であり，これを連合国の請求額に加えることは，金額をほぼ 3 倍に増加させることに等しいだけに，ケインズにとって重要な意味をもつ論点であった．

この点に関連して，ケインズが自らの国際政治観を示しているのが興味深い．彼に言わせれば，「国際政治は無頼漢の競技であり，また常にそうであった．そして個々の市民が個人的にそのことに責任を感ずるということは，ほとんどありえない」(前掲書，p. 94 / p. 108)．ケインズのみるところ，連合国側の多くの論者は，自らが誤っているということが絶対に確実であるのでない限り連合国は正当化されるし，さらに自分たち

に有利な蓋然性がわずかでも存在するならば，道徳的罪悪から救われると主張しているようなものである．それはあたかも「17世紀の蓋然論の詭弁的教授」のようであった．しかしながら，国際道徳が「未熟な遵法主義」と解されるとき，それは世界にとってきわめて危険なものとなるとケインズは説く．

ちなみにケインズは，アメリカ代表団の一人であったラモントの言葉を引用して，本章を終えている．「われわれは，恩給を含めることに賛成する意見を述べる者はアメリカ代表団の法律家の中には一人もいない，と大統領に説明した．すべての論理はそうすることに反対である，と．「論理！　論理！」と大統領は叫んだ．「私は論理などどうでもよいのだ．私は恩給を含めることに決めたのだ！」」(前掲書，p. 104 / pp. 120-21)．ケインズは自分が「多かれ少なかれ肩をすくめ」てこれを見逃すわけにはいかないと主張する．ここに道義的根拠というものに対する，ケインズの強い思いを見てとることができるだろう．

国際貿易の均衡が担っているもの

第六章の「賠償，連合国間の債務，および国際貿易」でケインズは，連合国に対するドイツの賠償と，アメリカに対する他の連合諸国の債務について，国際貿易との関係において検討している．ドイツが連合国に財貨を直接送ることによって支払いを行うことと，ドイツが財貨を他のどこかで販売し，その代金を連合国へ送金することとの間に，違いはあるのだろうか．ケインズはそれほど大きな違いはないと言う．それでは，債務の支払いに充当するために非競争的な財貨を指定することは，有効であろうか．これに対しケインズは，特定の商品によってドイツに支払いをさせることは，それがドイツの輸出品の形態全体を変える場合でない限り，状況を少しも変えることはないとする．

他方，ドイツに強制的に多額の賠償金を支払わせた結果，ドイツが輸

出品を他の国が供給するより安い価格で供給する場合，たとえ連合国が全体としては差引利益を受けるとしても，これらの財貨を生産する特定産業は打撃を受けることになる．しかしながら，ドイツとの激しい競争にさらされることは，いずれにしても変わらない．だとすれば，救済策は，ドイツが支払うべきものの形態を規定することではなく，賠償額を合理的な大きさにまで削減することしかないとケインズは結論づける．

その上でケインズは，アメリカについても同様なことが言えると主張する．アメリカに対して負っている負債が強制的に取り立てられる場合，連合国は安価な財貨を輸出すること以上に，アメリカからの輸入品を減らすことによって，アメリカに悪影響を与えるであろう．ある意味で，連合国がその債務を支払うべく努力することで，アメリカの農夫は損害を受けるのである．そもそも債務の取り立てが長期的に続くはずがないのであり，無理な政策を追求して，ヨーロッパとの関係を悪化させることはアメリカにとって賢明ではないとケインズは説く．

国際貿易の均衡は，各国の農業と工業の間の複雑な釣り合いと，労働と資本の使用における各国の専門化の上に成り立っている以上，一国がこの均衡が許容しないほど巨額の財貨を，代金の支払いを受けることなしに他の国へ移転することを要求されるならば，この釣り合いは必ず破壊される．このように総括した上で，ケインズは本章を締めくくっている．

説得を通じて変えていく世論

以上の議論にもかかわらず，ケインズは2年前に比べ，ヨーロッパの状況は改善に向かっていると言う．その最大の理由は，「正義，慈悲，および理知を蹂躙した条約」の衝撃を耐えた一般民衆の「忍耐強さ」と，結局のところ条約をほとんど執行することがなかった政権担当者たちの「賢明さ」にあった．結果として，「最悪の時点は過ぎ去った」兆

候がみられるとケインズは指摘する．このようにケインズが言うのも，『平和の経済的帰結』から2年が過ぎ，自らの主張の正しさが，何よりも事実の重みによって証明されたという自負があってのことだろう．

ただし，まだ障害は残っているとケインズは説く．条約は実施されていないとはいえ，まだ改正されていない．また，各国の歳出と歳入の間の適切な均衡がなお実現されていないため，インフレーションが継続し，通貨の国際的価値は変動し不安定なままである．そこで本書の最終章である第七章の「条約の改正とヨーロッパの安定」において，ケインズは読者に対して1つの提案を示す．

賠償委員会は，条約に基づく賠償請求額を1380億金マルク（そのうち60億はベルギーの負債）と評価したが，ケインズ自身は，条約に基づく請求額は1100億金マルクであり，そのうち740億金マルクは恩給と諸手当である以上，これを放棄するならば請求額は360億金マルクになるとする．これをドイツの理論的な支払能力の範囲内とするケインズは，以上のように条約を改正することを主張する．これに加えてケインズは，イギリスとアメリカがドイツ，およびヨーロッパの他の連合諸国に対する債権を放棄することを提案する．

はたして，このような提案は各国にとって受け入れ可能なものであろうか．この点に関してケインズは，英米からの債務が帳消しになる以上，この提案はフランスにとって圧倒的に有利になると主張する．同様に，ベルギーやイタリアにとっても，新提案は利益になるという．他方，ケインズは，オーストリアやハンガリーといった新国家についても，債務を帳消しにした上で，場合によって援助を与えるべきことを主張する．結果として，すべての大陸諸国は利益を受けるのである．

それでは債権を放棄するイギリスとアメリカはどうであろうか．ケインズは，連合国あるいは敗戦国からの貢納金を取り立てるよりも，貿易の均衡とヨーロッパの幸福を維持するための寛容さを示すことで，イギリスは名誉と威信，そして富を増すことになると説く．アメリカについ

ても，年々の支払いを実際に取り立てることができる可能性がきわめて小さい以上，最終的には債務帳消しを受け入れると期待する．

　ケインズは以上を，「公平で，思慮深く，かつ恒久的な解決策」（前掲書，p. 127 / p. 149）であるとする．もちろん，各国の世論は容易には変わらないだろう．とはいえ，ケインズは，「世論なるものは，かつてハンス・アンデルセンの王様が立派な服を着ているといったこともある．しかも，とくに合衆国においては，世論はときどきいわば全体的に変化するのである．実際，もし世論が変更しがたいものであるならば，公事について論じることは時間の浪費であろう．そして，世論の瞬間ごとの特徴を確認することは，新聞人と政治家の主要な仕事であるが，著作者は，むしろ世論のあるべき姿に関心をもつべきである」（前掲書，p. 125 / p. 146）と言う．ケインズはあくまで世論は説得を通じて変えていけるものであると信じたのである．

不確実性のなかの政治論——世論と民主主義

　すでに述べたように，同書は『平和の経済的帰結』の続編である．2つの著作を隔てる3年の間に，ケインズは若き日にムーアから受けた衝撃を自分なりに総括し，哲学的な著作として『確率論』（1921年）を刊行する一方，シティの投資家としての活動を活発化させている．ケインズにとっての生涯のテーマである，不確実性をもつ世界をいかに捉えるかというテーマがより明確化した時代であると言えるだろう．『確率論』の主題は，「われわれの信念が蓋然的で不確実であるというとき，その蓋然性とは何を意味するのかを分析し，あわせて，そうした蓋然的信念にもとづく経験的一般化の論理を明らかにしようとする」（伊藤邦武『ケインズの哲学』岩波書店，2011年，p. 58）ことにあった．他方，ケインズは投資の失敗から，この時期に破産寸前の状況にも追い込まれている．不確実性を前提に，各経済主体の期待の形成を包括的に論じるモラル・サ

イエンスとしての経済学を模索し、その後の『貨幣改革論』(1923年)、『貨幣論』(1930年)の飛躍へとつながっていくこの時期、ケインズが世論の問題を中心に、政治的な著作を残していることは興味深い．

　政治的な著作という場合も、ケインズの視点はきわめてユニークなものであった．というのも、彼が置かれた立場は、覇権国の地位を新興国であるアメリカに譲り渡そうとしている時代のイギリスを代表する高級行政官であり、それも条約交渉の過程で自らの信念が無残に踏みにじられた経験をもつ政治人のそれであったからである．仮にケインズの立場が新たな覇権国であるアメリカを代表するものであったなら、彼の議論はよほど違ったものになったであろう．実際、『平和の経済的帰結』において描かれたウィルソン像――学者的であり、あたかも聖職者を思わせる理想主義者であるが、現実の政治過程の前ではなすすべもなく、譲歩を余儀なくされる素人政治家――は、彼のアメリカに対する醒めた視線をよく示している．没落しつつある老大国の高級行政官として、ケインズは実現可能な国際的な経済枠組みを、各国の世論を射程に入れながら実践的に（プラクティカルに）実現していかなければならなかったのである．

　他方、すでに触れたように、『平和の経済的帰結』と同書の間には、少なからぬトーンの違いもある．前著がヴェルサイユ条約を主導した大国指導者たちへの厳しい批判の書であったのに対し、同書におけるケインズの姿勢には、どこか余裕のようなものが感じられる．実際、その後の歴史の過程は、ケインズの主張の正しさを証明しているようにみえるし、そのことは各国の実務担当者によって暗黙のうちに承認されているように思えたであろう．そのことが同書における「自分は間違っていなかった」というケインズの自信につながっていることは間違いない．その一方でケインズは、各国のジャーナリズムや世論の行方に対する疑念を隠さない．このことが同書に通底する、どこか皮肉な調子を含みつつ、それでも未来に希望を託そうとする著者の姿勢をもたらしていると

言えるだろう．

　おそらく政治論においてケインズが占める位置を表現するならば，知的貴族主義がもっともふさわしいであろう．彼が親近感を覚えたのは，同書で言えば賠償委員会に集まった「国際官僚」たちであった．「皮肉屋で，人情味があり，知的であり，事実と現実的処理を重視する強い傾向」という表現が，彼の好む政治的人間像を示している．また，「良い決定というものは，公平で，利害関係をもたず，事情に精通していて，権威ある人々がすべてのことを考慮に入れて下した場合にのみ，得られる」というのも，彼の理想的な意思決定の姿を表している．彼が評価するのは「公平（impartial）」であり，「利害関係をもたない（disinterested）」立場から，「事情に精通（well-informed）」してものごとを決めることであった．

　しかしながら，現実には，そのような理想的決定は難しい．一方において国際環境の圧力によって妥協を余儀なくされ，他方において各国の世論に対して迎合の誘惑が生じるからである．「悲しいかな！　世界は邪悪である．われわれすべてが好む感情的満足をうることは，国際的事件の場においてはありえないことである．なぜなら，個々人のみが善良であって，国家はすべて卑劣で，残忍で，腹黒いからである」（前掲書，p. 127／p. 148）．この，ラインホルド・ニーバーの『道徳的人間と非道徳的社会』を連想させる表現は，ケインズの国際政治観をよく示していると言えるだろう．他方，「この世論なるもの，すなわちルソーのいう一般意志とおそらく同じものであるこの不思議な実体（mysterious entity）」（前掲書，p. 125／p. 146）こそ，ケインズが直面しなければならなかったものである．

　しかしながら，そのような国際政治においても，最終的に意味をもつのは「道徳的根拠」であり，「大衆に思慮深く語りかけることはもはや無益な軽挙ではない」という信念を，ケインズはけっして棄てることがなかった．

思えば若き日のケインズは，ムーアの『プリンキピア・エティカ』(1903年)による知的興奮の下，あたかもプラトンを思わせる理想主義者として出発した．すなわち，ムーアによれば，「善」とは「快楽」や「進化」などの自然的性質に還元できるものではなく，感覚によって認識されるものでもない．それは直観や内観によって直接的に認識されるものなのである．いわば時間を超えた概念の実在論とでも呼ぶべき立場から出発したケインズであるが，やがて後期ウィトゲンシュタインに代表されるケンブリッジの哲学全体の動向と同じく，日常的な常識や規範の世界へと帰還していく．不確実な現実を超えた領域において永遠の真理を追い求めるのではなく，不確実性を前提に，各経済主体の期待の形成を分析するモラル・サイエンスの構築へと自らの針路を定めたのである．

　ケインズの政治論もまた，このような不確実な世界における主体の態度決定をめぐる考察の一端をなしていると言えるだろう．各主体は，自らの属する共同体の平均的な判断の動向を予測しながら行動する．同書で言えば，政治家や専門家は世論という「外部の意見」の動向をみながら自らの行動を決定する．ロイド・ジョージの例で言えば，ドイツに対する巨額の賠償を求める国民の声を意識して条約交渉の場に臨む．ところが，ケインズのみるところ，その実，平均的なイギリス人はそのような巨額の賠償を信じてはいなかった．にもかかわらず，とりあえずそのように要求しても損はない，あるいは他の国民がそう望むならそれに従うのが得策と判断して，結果的に新聞紙面では独断的で非妥協的な論調が支配的になるのである．あるべき賠償額について確固たる信念をもつケインズにとって，このような政治家と世論，あるいは一人ひとりの国民と世論との関係は，まさに負のスパイラルであったろう．

　これに対しケインズは，孤立した知的貴族主義の立場に居直ることはない．世論という「不思議な実体」に対し，あくまで現実的な状況把握と道義的根拠に基づく「公平」な判断を求めていくのである．それでは

どのような条件があれば,世論は「公平」な判断をすることができるのか,また,政治家と世論との間の望ましい関係とは何なのか.同書を読むものにとって,ケインズがさらなる政治学的考察を展開してくれていたら,という期待を抱くのは自然だろう.実際のケインズは,むしろ『一般理論』へと向かう経済学の大成へと向かっていったわけだが,『平和の経済的帰結』や『条約の改正』を貫くケインズの思考を深く再検討することを通じて,「ケインズの政治学」なるものを想像することもあながち不可能ではないように思われる.

参考文献

伊藤邦武(2011)『ケインズの哲学』岩波書店.
那須正彦(1995)『実務家ケインズ——ケインズ経済学形成の背景』中央公論新社.
Dostaler, G. (2007). *Keynes and his Battles*, Edward Elgar. (鍋島直樹・小峯敦訳『ケインズの闘い——哲学・政治・経済学・芸術』藤原書店,2008年)

読 書 案 内

ここでは広く,ケインズの政治思想を理解する上で役に立つと思われる本を紹介したい.

- 間宮陽介(2006)『増補 ケインズとハイエク——〈自由〉の変容』ちくま学芸文庫.

 自由主義の思想史という文脈においてケインズとハイエクを論じた著作である.しばしば対照的に捉えられるケインズとハイエクであるが,著者の見るところ,両大戦間期における自由主義の思想的危機に対応したという意味で,同一の文脈において理解できるという.

- 松原隆一郎(2011)『ケインズとハイエク——貨幣と市場への問い』講談社現代新書.

同じくケインズとハイエクを対照して論じているが，その視座は大きく異なる．ケインズの自由論を「危機の書」，ハイエクの自由論を「平時の書」として読む著者の議論は，バブルや金融危機を経た現代社会に対する問題意識が深く投影されていることがわかる．
- ベン・ステイル（2014）『ブレトンウッズの戦い——ケインズ，ホワイトと新世界秩序の創造』小坂恵理訳，日本経済新聞出版社．

第二次世界大戦後における世界経済秩序のあり方を決定したブレトンウッズ会議において，ケインズがいかなる役割を果たしたかを論じる．『条約の改正』が第一次世界大戦後のケインズの思考をよく示しているとすれば，同書は第二次世界大戦後のケインズの活躍を明らかにする．ケインズは両大戦後の世界秩序の形成に深くかかわった経済学者であり，その思考は同時に極めて政治的であった．

I-3

E. H. カー『危機の二十年』

二度の世界大戦の後,新たな国際秩序への展望を示す

本橋 篤　MOTOHASHI Athushi

大国イギリスの外交官として

　『危機の二十年』は,第一次世界大戦の終結であるヴェルサイユ条約の締結（1919年）から第二次世界大戦の勃発（1939年）に至る「危機の二十年」を分析し,国際社会が二度目の悲劇を回避できなかった要因を明らかにするとともに,新たに構築されるべき国際秩序への展望を示すものである.

　この書は第二次世界大戦勃発の前夜において,E. H. カーというイギリス人国際政治学者により生み出された.1892年にイギリスの首都ロンドン近郊で生まれたカーは,ケンブリッジ大学卒業後の約20年間を外交官として過ごし,1936年にウェールズ大学アベリストゥイス校の国際政治学担当教授に着任している.同書は,彼が大学教授となった翌

エドワード・ハレット・カー
『危機の二十年――理想と現実』
原彬久訳, 岩波文庫, 2011
Carr, E. H. (1939). *The Twenty Years' Crisis, 1919-1939: An Introduction to the Study of International Relations*. London: Macmillan.

年に企画され，約2年の歳月をかけて完成されたものである．

　カーのキャリアの中で特筆すべきは，外交官としての円熟期において，国際連盟の仕事に携わった点である．カーは，大国イギリスの外交官として，ケインズと共にパリ講和会議に参加し，その誕生とその後の実質的な崩壊を目の当たりにする．第一次世界大戦が850万人の戦死者と4000万人に近い負傷者を伴って終結したのち，国際社会が二度目の惨禍を抑止すべく立ち上げた国際連盟はなぜ新たな世界大戦の勃発を止める術を講じ得なかったのか．それこそが同書の問題意識であり，その分析のためにカーが導入した新たな概念や視座こそ，同書と同書以前の国際政治学との違いを決定づけている．

　カーは，第一次世界大戦後において，国際連盟が民主的プロセスを重視した秩序として誕生し，その後機能不全に陥った理由をどのように分析したのか．また，カーが考える新たな国際秩序とはどのようなものか．以下，同書の構成に従いながら，カーの思考の過程を辿りたい．

国際政治学の誕生と学問的特徴

　戦間期の国際秩序を分析するに際し，カーは，まず国際政治学という学問分野そのものについて検討を行う．カーは，第一部にて，国際政治学の誕生背景と学問的特徴に着目し，戦間期の国際政治学を特徴づける新たな概念を導入することで，同書が国際政治学において果たした役割を明らかにしている．

　国際政治学の萌芽は，第一次世界大戦の勃発に前後してみられた．第一次世界大戦は，交戦国の戦争継続の意思と能力が続く限り継続された人類初めての戦争であった．つまり，国際政治学は，過去の戦争と比肩しない惨劇を経験した国民が，戦争を含む国際政治の判断を職業的専門家から自らの手に置こうとする過程において，その産声を上げたのである．

戦間期の国際政治学の代表的人物としては，ウッドロー・ウィルソン（1856-1924）が挙げられる．彼を中心とする国際政治学者は，国際社会における世論の力を信じ，国際世論の正しい判断によって国家間の戦争が回避されると信じた．彼らは，国民はそもそも悲惨な戦争を望まないのだから，平和を維持するための正しい判断がなされると考えたのである．戦間期の国際政治学は，国民の平和への「熱い願望」を背景に生まれたがゆえに，国際世論が無条件に戦争を回避すると想定した点で，楽観的であった．また，国際秩序の構想等についても，そのような学問の誕生背景から，「それが実現されなければその結果は悲惨なのだからそれを実現できるようにしなければならない」（カー，2011, p. 35）というような考えに立ち，その実現性等に関する現実的な検証よりも目的の実現に向けた取組み自体に価値が置かれる傾向があった．

　カーは，そのような楽観的発想が戦間期の国際秩序の根底にあると考え，それを批判的に分析して新たな国際政治学のあり方を検討するうえで，「ユートピアニズム」と「リアリズム」という2つの概念を導入した．ユートピアニズムとは，戦間期の国際政治学を象徴するような願望や目的が先行する考え方を表しており，一方で，リアリズムとは，その対極に位置し，事実の容認および事実の原因・分析に重きを置くような考え方を表している．前者は，過去の歴史的経緯等にとらわれずに新たな国際秩序の構築を目指す点で自由意思に基づく考え方に対応し，後者は，因果関係に規定されるという点で決定論のような考え方に対応している．また，カーは，それらの違いを，国際政治の場における知識人と官僚の発想の違いに当てはめて説明している．具体的には，知識人は制約に直面して自ら仕組みを構築しないからこそ，（ある時は実現不可能なほど）理想的なプランを提案することができ，一方で官僚はさまざまな制約に精通しているからこそ，実現可能な妥協策（それは本質的な問題を解決しない場合もある）を提案することができる．

　カーは，国際政治の舞台で現実に直面した官僚としての経験と，学究

の場で理論をつかさどる学者としての立場から，ユートピアニズムとリアリズムの双方の視点に立ち，「危機の二十年」の底流に流れる国際政治思想のダイナミズムを分析した．カーが目指したのは，単なるユートピアニズムの否定ではなく，現実的な制約の中での理想の追求であり，戦間期の国際政治学にリアリズムの視点を加えることで，国際平和を実現する現実的な国際秩序の姿を提示しようとした．言うなれば，戦間期の国際政治学が有したユートピアニズムへの批判的分析と，新たな国際秩序を検討するためのリアリズムの導入こそ，実務家カーの真骨頂であり，この本が国際政治学の発展に果たした貢献と言える．

国際的危機

　カーは，第二部において，国際連盟を中心とする戦間期の国際秩序が平和の維持装置として機能せず，満州事変や日独の国際連盟脱退といった 1931 年以降の重大事件を含む国際的危機を招いた要因を分析する．結論として，カーは，戦間期の国際秩序に理論的基礎を与えたいくつかの重要な考え（基本原理）が，戦間期において崩壊したことにその理由を求める．

　それでは，戦間期の国際秩序が立脚した基本原理とは何であろうか．カーは，近代国家の基礎となる民主主義と自由主義に思想的基盤を与えた功利主義と自由放任主義（レッセ・フェール）こそが，それにあたると考えた．まずは，これら 2 つの言葉について，その意味するところをまとめたい．

　1 つめの功利主義は，ジェレミー・ベンサムによって提唱され，かの有名な「最大多数の最大幸福」という言葉に象徴される考え方である．ベンサムは，人間性の根源的特徴が快楽を求めて苦痛を避けることと仮定するならば，哲学者によることなく，最大多数に含まれる一般個々人の常識によって，正しい判断がなされると考えた．すなわち，ベンサム

は，功利主義を通じて，世論は「つねに正しい判断をする」がゆえに「必ず勝利する」という結論を導きだした．これが，功利主義が民主主義に本質的な基盤を与えたと言われる所以である．

しかしながら，功利主義は，政治学の根本問題である「なぜ少数派は，多数派のために作られたルールに従わなければならないのか」という疑問に対して，答えを有さない．その問題に対して論理的な答えを与えたのが，アダム・スミスによって提唱された，2つめの自由放任主義である．

自由放任主義は，自己利益を最大化するために合理的に行動する個人から構成される社会において，その利害得失の計算に誤りがなければ，理論的帰結として，共同体の利益と個人の利益は一致することを明らかにした（利益調和説）．つまり，自由放任主義に基づく利益調和説は，「なぜ少数派は多数派の決定に従うのか」という問いに対し，そもそもそれが少数派にとって，「本来的に自己利益の最大化につながるものだから」という明確な答えを与えた．利益調和説は，個人の自由な行動が共同体の利益を増進するとの考えを支持し，自由主義に思想的基盤を与えたのである．

次にこれらの基本原理と国際連盟との関係について考えたい．これらの基本原理は，第一次世界大戦後において，主に自国の繁栄を実現したという理由から，戦勝国の国際政治学者によって新秩序たる国際連盟創設の場に移植された．具体的には，功利主義は，国家単位での民主的プロセスによる意思決定の有効性に思想的基盤を与え，利益調和説は，それぞれの国家の自利追求が人類全体の利益最大化に貢献するといういわゆる国益調和説として国際政治の場に姿を現し，各国の自利追求を通じた世界利益の拡大と，国際世論の総意によって安定した国際秩序が維持されるとの考えを支持した．これが，国際連盟が民主的プロセスを重視した組織として誕生した所以である．

しかしながら，冒頭に述べた通り，国際連盟は，これら基本原理の崩

壊により，創設後まもなく機能不全に陥る．その理由は，第一に，功利主義については，その前提とした「世論がつねに正しい判断をする」という信念が成立しなかった．なぜなら，国際政治の場においては，国家間で正しさの捉え方に相違があり，国際社会において「すべての国家が平和にこそ同一の利益を持つ」という命題が成立することはなかったからである．つまり，現状の国際的地位に満足している国（過去の戦勝国や植民地獲得国等）は現状維持を望むために平和に価値を置く一方，その地位を獲得したいと願う国（敗戦の賠償金に苦しむ国や新興国等）は，多少の犠牲を払ってもその地位に変革をもたらしたいと考えた．第二に，自由放任主義に基づく利益調和説についても，それが国際政治に導入されたとき，スミスが想定した前提は成立していなかった．スミスは，利益調和説を理論的に導き出す前提として，小規模の生産者（資本家兼労働者）とその取引を仲介する商人からなる社会を想定し，利益が一部の資本家に集中しないため，共同体全体の生産量の最大化が共同体に所属するすべての個人の利益の最大化につながることを示した．

　しかしながら，皮肉にもスミスが『国富論』を発刊するのと時を同じくして始まった産業革命は，産業資本と階級制度（資本家・労働者）の概念を生み出し，所得格差という新たな問題を生み出した．その結果，国内はもとより国家間においても，自由な経済活動の帰結として資本蓄積の度合いに差が見られるようになったのである．したがって，自由放任主義に基づく世界的自由貿易および国際分業の推進は，当初想定されたようなすべての国家の利益最大化につながることはなく，資本蓄積国によるさらなる利益獲得と非蓄積国からの搾取を生み，国際的な貧富の差を拡大したのである．

　要約すれば，自由放任主義に基づく各国の自利追求は，世界利益の増大という側面よりも国家間の格差を助長する方向に働いて国家間の利益対立を表面化させ，功利主義に基づく民主的プロセスは，価値観の不一致を背景にその機能を果たしえず，結果として，国家間の利益対立を背

景とした国際紛争の解決において何ら有効な手段を講じえなかったのである．

新たな国際秩序への展望

それでは，国際連盟後の新たな国際秩序は，どのような基本原理に基づいて設立されるべきであろうか．国際秩序が平和を維持する機能を保つためには，国家間の利益対立が生じた際，その利害を平和的に調整する機能が必要となる．カーは，その要件を探るため，第三部にて政治が持つ利益衝突の調整機能に着目して分析を行い，その後，第四部にて具体的な調整プロセスの検討を行う．

カーは，政治において，利益の衝突を解決するために必要なあらゆる妥協には，倫理的要素と強制的要素の2つが必要不可欠と考えた．つまり，個人が国家等の要請に従うには，その内容が道義的に正しいだけではなく，権力を背景とした強制力を伴う必要があると考えたのである．カーは，国益を超える価値基準（国際的道義）の存在に期待する一方で，人間が恐怖を伴った強制力によって社会の決定に従う側面を重視した．カーは，ユートピアニズムの観点から国際的道義に基づく国際世論の監視機能（共有された価値観に基づく非道義的行為の排除）に期待を寄せつつも，そのような国際的道義秩序は，それを有効に機能させるうえで権力のヘゲモニーに基礎を置く必要があると考えたのである．

それでは，国際政治における権力とは何であろうか．カーは，権力は，軍事力，経済力，意見を支配する力（国民の合意を得る力）の3つから構成され，3要素が密接に絡み合うことで政治権力を生み出すと考えた．国際社会における政治権力は，利益衝突を解決する最後の手段が戦争である以上一義的に軍事力で量られるが，軍事力は経済力や意見を支配する力がなければそれを維持することはできない．つまり，カーは，国際政治学の新たな概念として，権力は一体との考えを示した．

カーは，これに基づき，新たな国際秩序が有効に機能するためには，その基本単位が，3要素の不可分で存在する範囲，実質的には国家単位に規定される必要があると考えた．より具体的に言えば，新たな国際秩序は，強い政治権力を有する大国を中心に構築されるべきと考えたのである．これが権力不可分説とでも呼ぶべき，功利主義に代わる第一の基本原理である．

　一方で，新たな国際秩序の中心となった大国が常に強者たりうるとは限らない．第一次世界大戦前後の日本やドイツのように，急速な経済発展を遂げる国が登場することにより，相対的な政治権力は常に変動する．そして，時々の国際秩序が必然的に強者たる大国の地位を守るために作られる以上，その秩序は，常にその地位を狙う新興国の挑戦を受けることになる．このとき，自由放任主義に基づけば，新興国の国益追求を是認するため，新興国による戦争を通じた国際秩序の変革を回避できない．平和という共同体全体の利益が維持されるか否かという関心は，新興国から現状の国際秩序に対する挑戦を受けた際，大国がどのように振る舞うかという点に集約される．

　そこで，カーは，自由放任主義に代わる新たな第二の基本原理として大国の合理的自己犠牲と呼べるような考えを提示する．つまり，カーは，新興国から現行秩序への挑戦を受けた際，現行秩序の維持から最大の利益を受ける大国がその利益と戦争等による損失を合理的に比較した上で，その有する利益（植民地の一部や得られるはずであった賠償金等）の一部を新興国に譲渡することにより，平和が維持されると考えたのである．

　カーは，第四部にて，その具体的なプロセスを検討する．結果として，カーが着想を得たのは，国内の労使交渉にみられるストライキのような実力行使の脅威を背景とした妥結のプロセスであった．労使交渉において，労働者と資本家の利害は真正面から対立する．労働者は，賃金の増額や労働時間の短縮を要求し，資本家はそれを受け入れるか否かの

選択を迫られる．労働者の選択肢には，ストライキ等の実力行使があり，資本家はそれが実行された場合の損失等を勘案しながら妥結に向けた交渉を繰り返す．カーは，国際政治において，大国と新興国の間にも同様の関係がみいだされると考えた．

要約すれば，カーは，新たな国際秩序は，権力不可分説に基づき，それが国際共同体という形態を取るか否かにかかわらず大国を中心とした政治権力を背景として構築され，新興国による挑戦を受けた際には，大国による外交を通じた譲歩的妥協プロセスを通じて維持されると考えた．このようなカーの考えは，国際政治学の分野において宥和主義と呼ばれる．

ケインズとカーの理論的影響関係

ケインズとカーの理論的共通点は，リアリズムに軸足を置き，現実的に達成できるものを前提として理想を追求する姿勢にある．ケインズは，『平和の経済的帰結』(1919年)において彼自身述べたように，パリ講和会議にて敗戦国のドイツに過度な賠償金を課すことに強く反対した．また，米国に対して，戦勝国のフランス等が米国に対して負う戦債支払条件の緩和を求めた．それは，直接的なドイツ国民への配慮ではなく，戦勝国及び米国の自利追求を目指した過大な賠償金額の設定がドイツ経済の復興を阻害し，結果として米国への戦債支払いを滞らせるとの考えによるものであった．このような現実主義に基づく宥和的姿勢は，経済学と国際政治学という分野の相違はあるものの，ケインズとカーの両者に共通してみられる特徴である．

彼らは長期不況と国際緊張のただなかで，各々の学問分野における課題に実現可能な解を示そうとした．同書の発刊時期に鑑みれば，ケインズが『雇用・利子および貨幣の一般理論』(1936年)でみせた自由放任主義への批判的姿勢と人間の合理的判断への期待にカーが共鳴し，ユー

トピアニズムへの批判的分析とリアリズムの導入を通じて，国際政治の分野においてその考えを深化させたとも考えられる．

社会科学者が持つべき矜持と責任

　同書が，国際政治学の分野において，記念碑的文献として現代においても重要な意義を有することに疑義を挟む余地はないであろう．ここでは，日本を取り巻く安全保障環境や同書を通してみられるカーの社会科学者としての姿勢に関心を寄せながら，同書の現代的な意義について筆者なりの意見を述べたい．同書が現代にも通じる意義は，次の2点にあると考える．

　1つめは，国際政治における権力の構成要素を明らかにし，現代にも通じる紛争回避のための現実的な対応策を提示した点である．今日では，台頭する中国と低下する米国のプレゼンスの中で，日本を取り巻く安全保障環境は日に日に変化しており，国際世論の平和志向に依拠したユートピアニズムだけでは，恒久的な平和を維持することが困難な状況にある．カーは，新興国からの現行秩序への挑戦に際しては，リアリズムの観点から，軍事力の更なる強化か，それができないのであれば譲歩的妥協による領土または経済的利益の一部譲渡を解決策として示した．同書は，今後，日本が取るべき道を考える中で，議論のための有益な知的土台の1つを与えている．

　2つめは，カーが，自らの理論に矜持を持ち，責任と勇気を持ってその理論を世に問いかけた点である．カーは，国際政治学の分野に独自の視点を導入して戦間期の国際秩序崩壊に関する考察を進め，宥和主義という新たな考え方を示した．カーは，国際連盟を生み出した初期国際政治学を「ユートピアニズム」という言葉で批難を込めて表現し，国際政治学に大きな波紋を投げかけた．その結果として，カーは，その後の彼の様々な論考も含めて，その後の人生において自らの言説への反撃との

激しい戦いを続けることとなる．カーは，その晩年において，「私は孤独で，そして深く，深く，不幸です」（ジョナサン・ハスラム『誠実という悪徳』現代思潮新社，2007 年，p. 440）との言葉を残した．そのことは，（おそらく彼の人間関係における不器用さも影響したのであろうが）カーが，孤高の矜持を捨てず，自らの言説に誇りと責任を持って立ち続けたことの1つの証左とも考えられよう．社会科学者が持つべき矜持と責任とは何かを考える上でも，同書の現代的意義は小さくない．

読書案内

- 加藤陽子（2009）『それでも，日本人は「戦争」を選んだ』朝日出版社．
  古典的文献を深く読み解くカギの1つは，同じ事象を異なる視点で分析することである．この本は，日本人の視点から当時の世界情勢とその中での日本人の判断を分析している．当時，大国たらんと欲した新興国の日本はなにゆえに第二次世界大戦への道を歩むことになったのか．大国イギリスの外交官であるカーとは異なる視点で戦間期を眺めることで，読者の理解もより一層深まるであろう．
- F. L. アレン（1993）『オンリー・イエスタディ——1920 年代・アメリカ』藤久ミネ訳，ちくま文庫．
  古典的文献を読み解くもう1つのカギは，著者の生きた時代に触れることである．この本は 1920 年代の大国アメリカにおける人々の生活や考え方の変遷を描写している．自動車やマスメディア等の発展を通じて人々の価値観が変容していく様子を女性の服装の変化にまで触れながら丁寧に描写しており，時代の匂いを今に伝えている．
- 竹中平蔵（2010）『経済古典は役に立つ』光文社新書．
  アダム・スミス以降の重要な経済古典を取り上げ，各々が取り組んだ時代の課題と前後の学説との因果関係について説明している．その時代になぜその書物が誕生し，そして古典たりえたのか．健全な疑問を持ちつつ読み進めることで，各古典への理解がより深まるであろう．

I-4

F. ハイエク『隷従への道』

自由主義の後退が行き着く
苦悩の社会像を描画

古宮正章　KOMIYA Masaaki

「隷従への道」という警告

　19世紀にわが手に獲得したと，英国がそのご本家を自任するところの西欧リベラリズム．これが20世紀に至り，ドイツで力を得た社会主義を根源とする思想と行動の流れに押しつぶされるように劣化する懸念を，痛切に憂慮した著作である．戦争に勝利していながら，以後の文明社会の展開に障害となりうる思想闘争に直面する英国．ドイツにて1900年をまたぐ数十年の間に完成されたとみる社会主義が，基本的に実現困難と思われる計画経済を標榜するものであり，その由来，本質からして，危険な全体主義への移行をも必然的にはらんだ思想であることを繰り返し訴える．

　中間層の不満を取り込んで，社会主義への反動として登場したようにみえるナチズムやファシズムについても，その暴力的要素も含めてきわ

フリードリヒ・ハイエク
『隷従への道』
村井章子訳，日経BP社，2016
Hayek, F. (1944). *The Road to Serfdom*. London: Routledge.

めて特異なものだという解釈は間違いであり，実はそれらも本質的に社会主義との共通性を根に持つものとして，社会主義の問題性に警鐘を鳴らしている．英国はその浸潤を目の当たりにして，文明社会をもたらしたと信ずる自由主義を力強く守護しなければならないとする．2つの大戦を経験する時代の大きな変わり目，ヨーロッパ自身の社会構造変化の中での，経済活動と国家の行動の関係のあり方を注視しながら，社会主義に脅かされつつある個人主義，自由主義，市場経済の優位性を粘り強く唱えていくものである．

　この本の題名のとおり，それらの放棄はドイツと同様「隷従への道」が残るのみであると警告する．以下，この本の論旨に沿って，思想のキーとなる要素を中心にハイエクの主張を解読してみる．

自由主義の後退

　この本でハイエクが衰微を恐れる自由主義の原理は，ルネサンス以来個人の解放，個人主義をベースにした自由な経済活動を可能にし，19世紀に至るヨーロッパ文明社会の歴史的発展を方向づけたはずであった．社会の自発的な力を最大限利用すること，自由な競争によって効率的に機能する社会の創造を目指したものであった．しかしそこで生じた社会問題に対するアプローチに関しての意識の差や，自由民主主義のもとでの進歩の遅さが目立つようになるとともに，個人主義，リベラリズムが勢いを奪われる．資本主義に対する社会主義原理の影響や，自由主義，個人主義に対する脅威が増し，自由な活動を抑圧する全体主義と「隷従国家」を生み出す危険に直面したのである．

　社会主義の根幹となる計画（planning），そして全体集合的，計画的指導の概念が，いわゆる市場という非個人的，匿名的機能をゆさぶり，英国の "rule of freedom" に代わって広がりを加速する．強力な知的指導力を得たドイツを起源とする，従来とは異なる西欧の思想理念に押され

て，英国は自由な取引の概念が持つ，利己的，合理化的色彩を自ら疑問視してしまった面もあったかもしれないとする．

社会主義(Socialism)の由来

　入れ替わるように浸透してきた社会主義は，どういう経過を経て当時に至ったのか．ハイエクは以下のように議論を進める．すなわち社会主義は，1789年のフランス革命リベラリズムに対抗する動きとして，革命の終了，階層社会の再構成に向けた権威による精神的パワーとして認識され，本質的には独裁権威主義の色を持っていた．一方で1848年の欧州各地での革命に前後して，民主主義の影響が及んだこと，また，経済システムの制約からの自由（貧困からの自由，選択の幅を狭める環境強制からの自由）といった新しい自由の概念を取り込んで，巨大な不公平の解消を掲げ，社会主義は当初の色合いを超えて成長してきたことは確かである．しかし，結局個人主義組織を根幹とする民主主義とは，元来相容れない性格のものであることが明らかとなり，また「新自由」の意図も，"power"や"wealth"の獲得を目指すことと同義の様相を呈していく．

　こうした経緯も踏まえて，社会主義はいまや本来の意味の自由とは相反する思想理念として，その姿を見せているととらえる．その本質は全体主義，悲劇的な「隷従への道」への案内であることに気づかなければならない，そしてファシズムや共産主義とも同根ではないかとする見方さえ強まっているとする．すなわち概念的に分化した自由を名乗り，個人主義と社会主義の結びつきの可能性を模索した民主主義的社会主義のアプローチも，成立不可能なユートピアであると断言する．

社会主義は統制計画経済を必要とする

　まず社会主義の思想理念の根幹となるキーワードは何か．ハイエクは「計画社会」を持ち出してくる．社会主義は，社会問題のスピーディな解決を目指すという意図に裏打ちされるように，時間を要する民主主義的多数合意の形成とは結びつきにくい．私的生産手段の保有を否定した上で，社会的正義，公平，安全を目指して中央指導統制のもとでの計画経済（planning）を標榜し，社会資源配分をコントロールする体制と定義する．ハイエクは，全体主義的な集中経済統制体制をイメージさせ，集産主義（collectivism）という言葉も多用している．

経済社会計画（Planning）の必然性についての疑義

　巨大企業が技術進歩と効率生産を享受するに従い，競争の消滅，独占の深化，"planning"の定着……という展開が進むという社会主義者の理屈に対し，ハイエクはその根拠は薄弱であるとして以下のような批判を加える．それらは政府の保護，誘導政策の結果であって，産業文明の進歩，複雑化が経済プロセスの統制を必要とするわけではない．そして，そもそもみんなの納得感のある経済社会計画などそう簡単にできるのだろうかとハイエクは問いかける．それには個々の行動が，社会目標（ニーズ）のもとでの価値体系のどこかに序列づけされることが必要であるが，そんな基準が存在するのだろうかと．産業の組織化（生産手段の国家への委譲）に限って国家の計画を実施するのはまだしも，さらに個々人の所得分配まで特定の指導者による"planning"に委ねるとするのは困難であって，分配問題を解決できる道徳的基準（価値体系としての統一的世界観）などあろうはずがない．つまり分業体制の中で個々の行動力を全体として相互に調整する機能を果たすのは，やはり匿名的マーケット競争下での価格メカニズムしかないとする．

Planningとの対立概念としての自由主義

　ここで，ハイエクは本来の個人主義，自由主義に基づく社会の骨格イメージを描いている．すなわちその社会は個人の努力を活用するために，効率的な競争を最大限利用する．そして有効に機能するための最低条件として，注意深い法的枠組みが設けられること，自由な市場取引の場への威圧的，恣意的な介入が行われないことが必要であるとする．すなわち経済的自由とは，個人の選択の権利が保障され，それに伴うリスク，責任が認識されてこそ確保されるものである．社会主義者の言う，自らの選択さえ不必要となるような経済問題からの解放とはおよそ異なるものなのである．その経済的自由を確実なものにするための経済的安全保障を全否定はしないが，もしそれが自由そのものを犠牲にしかねないほど重くなるとすれば，好ましくない．具体的には，大きな経済的変動に際しての市場介入と，一般的な雇用の安定に向けた労賃，報酬のコントロールとの間に，線引きをして，保障の必要度合を分別している．

　なお，ハイエクの主張＝ドグマ的なレッセフェールととらえるのは誤りである．競争確保のために正当な制約はありうるとし，価格メカニズム以外の規制，供給方法が是とされる領域として，社会福祉にかかる分野などが例示されていることも注目される．

注意深い法的枠組みとしてのRule of Law

　この有無こそが，恣意的政府と自由主義国家を明確に区分するものであるとする．すなわち "rule of law" とは，個人の意思決定による生産活動を保障する恒久的法体系であり，自由主義社会成立の最大の成果と評価しうる．これに関しては，①個人の自己意思決定を可能にする前提として，国家の行動が予測可能であること，②特定の人のための，特定の目的を求める特別法ではないという2つの側面が提示されている．特

定の人間の特権を否定し，恣意的な政府に対する法の下の平等の守り手となるものであるが，計画社会の進展とともに，特にドイツにおいて全体主義が強まって，いまや衰退の危機にある．一方で政府の行動が立法に従っていても，"rule of law"が守られていることには必ずしもならない．政府の強制力が先決法によって無限定に認められていれば，ヒットラーのように完全な独裁制をもたらすこともありうる．立法の範囲が制約を受けるとともに，国家の強制力はあらかじめ法で行使範囲が決められていること，行使方法が予見可能であることが求められるとする．

全体主義の不都合な側面

　ハイエクが，この本の中でもとりわけ強い忌避感を持って著述している部分の論調を紹介する．すなわち社会主義が不可避的に辿るであろうと予想される全体主義は，その本質的な側面として，自由主義のレジームとはまったく異なる醜い要素を持つと断言する．民主主義の時間と手間のかかる手続きに対する不満が，強い決定力を希求する結果，ナショナリズム，人種差別主義，あるいは階級差別主義といった特定小集団において成り立つイズムを生む．ここでは"collectivism"と表現される（ハイエクは，全体主義の形成にいたる必然性を持ったイズムとして，「集団の価値の追求」というニュアンスを込めている）．これは自由主義の中には存在しえない．

　こうした偏狭的，排他的傾向の出現要因は，劣等感に基づく組織への同質化，対外的優越感を組織から付与される満足感，強大な者への賞賛，弱小者への侮蔑，そして対外的には敵対的な態度であって，ドイツ（国家社会主義）の源に，これらの特徴を嗅ぎ取っている．そして，共通の組織目的を持ち，その達成のための権力委譲を要件とする"collectivism"の道徳的・倫理的なエッセンスが，目的による手段の正当化，すなわち全体の目的のためなら，してはいけないことはないとい

う，およそ一般的な道徳やルールとはなりえないものであるとする．これは言わば戦時目的達成のための徳目と同じで，結局個人の希望や権利，道徳を蹴散らしてでも，迷いなく共同体の目標に向かって行動するメンバーが求められるのだと言い切る．

全体主義の思想誘導と自由な議論に基づく理性の成長

全体主義においては，指導者（planner）の描く社会目標を迷いなく達成させるべく，特定の信条が公式な価値原理として提示され，すべてのメンバーをこの理念に誘導するという教育的作為が登場する．全体主義の言うところの"collective freedom"は，個々人の自由を意味しているのではなく，無制限の"planner"の自由に置き換えられている．全体主義のもとで学問に求められるのは，この公式神話の創造であり，その正当性の立証に過ぎなくなる．「真実」という言葉も本来の意味を失い，権威者によって規定される何らかのもの，組織化された努力の統合に貢献すると信じられる何らかのものという意味合いに変形され，もはやここには真の思想の自由は存在しない．本来いかなる主義や思想も，個々人の間の異なった見識に基づく意見交換，議論を通じて，その命を形成し理性の成長につなげるのだ．それに反して心の成長を計画したり，組織化したりするのはすでに矛盾である．

国家社会主義のドイツにおける発生

ここで紹介するのは，ドイツの社会主義者の理論家の主張を土台に，ドイツが国家社会主義への道をどう歩んだのか展開する部分である．すなわち，第一次世界大戦の勃発に重なる1914年が，国家社会主義の元年とも言われる．英国流の個人主義に根ざした国家，重商主義との対峙でもあったのだ．分裂状態であったドイツ国の統一過程で，ビスマルク

の保護主義（1879年）が高度な産業国家の構築を旗印に，産業の中央統制化，組織化を可能にし，これらとこの思想的な隆盛が重なっている面も否定できない．ドイツで最も敵視されたのはリベラリズムであり，個人の生活を超越した高尚な国家，目的があるという考え方が底流にあった．結果的に大戦ではドイツは敗戦，（国家）社会主義のリベラリズムに対する敗北というかたちに帰したのであるが，むしろ戦争という契機によって，ドイツでは国家社会主義の共同体が現実のものとなる素地が生まれ，マルクス主義社会主義者の指導が与って，ヒットラーのナチズムに展開していくとする．

英国の全体主義の兆候と自由主義の守護

当時の英国が，20～30年前のドイツ，すなわち第一次世界大戦以降のドイツの社会システムの展開に似てきている不気味さを述べている．この本の主題であり，書き下してみる．

かつての自由主義の思想がナイーブなユートピア思想として追いやられ，ドイツ思想の英国への浸透で，論説の中には，自由放任の資本主義の放棄，ヒットラー流のヨーロッパの再構築を謳うものさえある．中流社会主義者を育成しようという運動の高まり，やがて巨大な産業組織化，さらには独占につながっていく兆候．それ自体全体主義体制を狙うものではないものの，独占は自己統治的組織となり，特定の者の既得権益の形成と維持を進め，競争の回避を築いてしまうのではないか．これは政治的に強力で危険な存在となりうるのに，「25年前のレッセフェールの競争社会よりも自由な計画社会の創造……」などというなんと無邪気で悲劇的な信念が闊歩していることか．文明社会がここまで成長できたのは，市場という非人的な力への依拠があったからなのに，努力が報われないという不満でこれを嫌悪し，反抗するようになっているのだ．

現在の英国に強く求められるのは，あらゆる資源を福利のため最大限

利用できるようにすることであり，すべての物質的条件を改善し，社会全体の富の向上を図ること，急速な経済成長を実現することである．失業の克服を絶対的な目標にするというような近視眼的な所得の再配分は禁物である．長期的な自由が維持できる限りにおいて社会目標の設定は意味を持つ．個人が自らの意思決定によって高めるべき道徳面についても"collectivism"の影響は破壊的で，徳目すら権威によって与えられるような社会では，責任から遠ざかる反道徳に向かうことが避けられない．英国は自らの19世紀的高尚な徳目，個人主義のもとで息づいてきた自由，独立，寛容……などの道徳的価値を失いつつある．国際関係の領域でも，リベラリズムの後退の代償は大きい．個々の国家の計画経済導入は，海外との人的・物的交流に対しては制限的であり，国際対立を生む元凶であることがわかってきた．現状を放置すれば，国家社会主義が世界に蔓延る危険性は拭いきれない．英国は本来の伝統的な自由主義のもとでの確固たる価値を打ち出して，平和な縛りのない社会を導いていくべき存在であるはずだと，力強く結んでいる．

現代に与える示唆

　国家による経済社会への介入と，いわゆる競争原理を土台として市場の自主性に最適な経済展開を委ねる考え方の優劣は，グローバル化，成長の鈍化，地球環境の変化などに由来する難題が積もる中で，現在なお議論がつきない．日本はもとより，市場依存型の自由な経済競争を主唱する派が優位を得たかと思うと，想定外とも言える経済の不安定化，市場の混乱が繰り返される中で，市場だけでの自律的な回復が困難であることも明白になっている．経済成長自体が鈍化していく状況下，富の適正な配分を如何に実現するかという基本的な課題は重く，何らかの新しい調整手立てが必要ではないかという見方が高まっているのも事実である．

ハイエクによる同書は，19世紀末から20世紀前半の，ヨーロッパの国家間対立と社会の動揺に苦悩した時代を強く反映して執筆されたものであり，まだ余熱の残った生々しい思想のぶつかり合いの中で，社会主義の浸潤に危惧を抱く英国自由主義サイドの立場が色濃く投影されている．当然，社会主義危険視が鮮烈であるためか，その結論を現在に転用しようとしても，ただちにはなじまないとの印象を持たれるかもしれない．社会主義由来の問題性は重ねて論じながら，自由主義の優位性はどちらかと言えばそれらの裏返しとしての，相対的な優位評価として打ち出されているのではないかという指摘もありえよう．

　ハイエクとしては，少なくとも市民社会の形成の上で優位性を持っていたはずの自由主義を，守られるべき根幹的な原則（rule of lawの支配と，自由な市場での競争）を規定することによって，基本的に揺るがない価値として再提示しているのである．今日的には，自由な活動を通じて社会の最適な成長を促せるような基盤を備えるためには，どのような経済社会の設計が望ましいのか，あるいは許されるのかを考察するためのメッセージとして評価すべきであろう．

　さて現在の行き詰まり感の強い，歯痒い経済状況のもとで，個々の経済主体が適切に自由な自己判断を下すことの困難度は高まっている．それどころか，市場競争の中で勢いを得たはずの名だたる企業主体には，本来自ら正当な市場取引を牽引しなければならないのに，それを踏みにじるような不正，不祥事が後を絶たない．やや別の言い方をすれば，各レベルで，近視眼的に社会の"凪"に任せるような雰囲気が高まっているようにもみえる．時に，一見牽引力の強い指導者の出現に期待を寄せ，あるいは本来なすべき自発的な選択を放棄して経済社会活動の責任を軽んじているとしたら，結局，自由主義の最も大事な価値を自ら失うことになりかねない．

　ハイエクは同書の中で，目先の利得に惑わされることなく，長い目で見て安定的な，自由で自主的な活動を保障する自由主義社会の基盤を構

築すべきことを力説している．併せて，それに伴って生じる責任やリスクをきちんと認識すべきことにも言及している．この点に関連する記述として，ここに改めて抜き出しておきたい．

> the freedom from economic activity which, with the right of choice, inevitably also carries the risk and the responsibility of that right.（CAPTER Ⅶより）

社会の中には政治も含めてさまざまな主体があり，それぞれの機能，役回りや地位に応じて，とるべき責任は異なっている．これはそれぞれの活動に伴うリスクの違いと言い換えてもよい．そして，それはそれぞれが応分に負わなければならない性格のものと理解する．社会主義的計画社会には，このプロセスが完結すべき要素として十分見込めないが故に，失格なのだとハイエクは訴えているのではないか．残念ながら，そうした応分の行動と責任という自由主義の気高い価値は，揺らぎ始めているように思えてならないのである．

読書案内

- オルテガ（2002）『大衆の反逆』寺田和夫訳，中央公論新社．
  20世紀初頭のヨーロッパにおける社会状況を，新たな「大衆」の登場とその意識行動が，文明社会を破壊しかねない病根になりつつあるという切り口で見据え，その危うさを冷徹に訴えたもの．19世紀に勝ち得た自由民主主義と科学技術の発展によって到達した文明社会のもとで，「大衆」はその貴重な価値を無自覚に食いつぶしていく時代支配的な存在であるとして，文明社会の発展をないがしろにする危険を痛烈に喝破している．

- 大江志乃夫（1991）『御前会議――昭和天皇十五回の聖断』中央公論新社．

  昭和天皇のもとで，太平洋戦争時のわが国の最高戦争指導がどのように進められたのか，その意思決定の過程と問題点を詳細に辿る．指導という政治形式による社会計画の無理と困難さを，そして結局その不首尾に対し，結果責任を追及しきれない制度的欠陥を強く実感させる．国家の総力による計画が最も必要な戦争という極限状況を題材にしたものであるが，ハイエクが懸念する一般的な社会経済計画に伴う危うさを考える上でも好著である．

- ルソー（2005）『人間不平等起原論・社会契約論』小林善彦・井上幸治訳，中央公論新社．

  フランス革命以前，1762 年に発表された哲学的な人間社会の形成論．人間は，その自然状態故の各自の粗野な自由と権益意識がぶつかりあって，そのままでは共存や自己保存すらできない状況に至る．自由と相互の平等が支配する市民社会に到達することを理想として，「社会契約」という社会的，政治的結合理念を打ち出し，そのもとでの国家，政府，主権，立法権（法），そして人民の各本質と，その占めるべき機能，権能を論じるもの．

II

理論の展開
―― 全体主義への対抗軸としてのリベラリズム

II-1

T. ヴェブレン『企業の理論』

激動する社会と企業の包括的分析
西島益幸 NISHIJIMA Masuyuki

激変する社会の理論

　19世紀後半から20世紀初頭にかけて欧米の経済社会は人類史上稀有な構造変化を経験した．鉄道や冷凍船の普及により製品市場が世界規模に拡大すると工場内における分業が生産性の飛躍的上昇をもたらし，職人や小規模生産者とは異なる生産組織——企業——が出現した．この実物経済の変化に対応し，銀行は部分準備率制度に移行しその信用創造が景気循環を惹き起こし，株式市場が登場し生産設備への投資資金を調達する金融仲介機能を担うようになった．政治的には議会制度が確立するなかで帝国主義的植民地政策が遂行され，労働争議も頻発し社会不安が蔓延しつつある時代でもあった．

　この激動の状況のもと支配的影響を及ぼしつつあった企業について経済的・政治的・文化的分析を包括的に行った最初の本がソースティン・

ソースティン・ヴェブレン
『企業の理論』
小原敬士訳，勁草書房，1996
Veblen, T. (1904). *The Theory of Business Enterprise*. New York: Scribner's.

ヴェブレンの『企業の理論』(1904年) である．彼は，飛躍的生産性上昇の原動力である「機械過程」と自然権に基づくジョン・ロック流の私的所有権を対抗軸として，新たに台頭する企業の経済理論だけでなく，当時の激変する社会全体の理論をも提示した．以下，その内容を概観する．

機械過程から企業統合へ

アダム・スミスの『国富論』は分業がいかに飛躍的生産性上昇をもたらすかの議論から始まる．「1人が針金を引き延ばし，次の者がそれをまっすぐにし，3人目がそれを切り，4人目がそれを尖らせ，5人目が頭部を付けるために先端を削るのである．頭部を作るのには，2つか3つのそれぞれ別の操作が必要である．それを付けるのは，1つの独自の仕事であり，ピンを白く光らせるのはもう1つの仕事である．(……) こうしてピンを作るという重要な仕事が，このようなやり方で，約18の別々の操作に分けられていて，(……) 彼らは大変貧しく，したがって必要な機械設備も，いいかげんにあてがわれているにすぎなかったけれども，(……) 平均して各自 (……) 1日に4800本のピンを作る」(アダム・スミス『諸国民の富(1)』岩波文庫, p. 100) とある．当時の熟練した職人が全工程を1人でやると1日1本のピンを作るのがやっとであった．この4800倍の生産性上昇は誇張されていると言われるが，生産プロセスを多くの工程に分割し労働者 (あるいは機械) を割当てる工場内分業が飛躍的に生産性を上げることは紛れもない事実である．米国で1881年に導入されたタバコ製造機械が，それまで1人の労働者が1日当たり3000本しか作れなかったのに対し，12万本 (40倍) 製造した事実は人々を圧倒したにちがいない．20世紀に入って，それはフォードシステムに象徴される大量生産システムへと発展していく．この分業原理に基づき組織される生産の体系をヴェブレンは「機械過程」と呼ぶ．この機械過程

はその高い生産性を実現するため，さまざまな条件を要請する．

　中岡哲郎『工場の哲学』（平凡社，1971年）によれば，一連の製造工程が単純な作業の繰り返しに分割され編成されると生産性が大きく上昇する．その生産性は，各工程が同じ状態を繰り返し反復する定常的状態のとき，そして，その状態が続くときのみ，最大となる．機械が高い生産性をもつのもこの同じ原理による．コンピューターの電子回路内でオン・オフが繰り返されているように，機械内部では多数の単純な反復操作が編成され行われているからである．溶鉱炉や原子炉がいったん稼働を始めると一定水準の操業を続けなければ効率的でなくなるのはこのためである．

　このようにいったん定常的生産が始まると，他の工程，部門，取引企業，関連産業にも，その定常的生産に合わせた操業生産が要請されることになる．この要請は物質的・物理的に厳しい補完性を意味し，このような生産過程体系のどこかで不規則な変動が生じれば，その高い生産性が実現しないだけでなく，機械の故障や生産ラインの停止など，損害が生じる．これを防ぐためには，工程，部品，製品，原材料などの規格を統一する標準化が要請される．さらに，不規則変動が発生した際には，諸工程や生産過程の調整が不可避となる．ヴェブレンによれば「隙間がぎっしり詰まった細胞間におけるような (interstitial) 調整の協働 (coordination)」であり，分業の文脈では協業と言われている機能になる．工場内分業であれば，かつて職人が担った手順上の調整技能に相当するものが生産現場の技師・監督者・労働者により分担行使され，その役割を果たし，企業間・産業間分業であれば，市場を通じた取引がその調整を担うことになる．

　定常的な安定した生産の要請は，企業がより広範な生産過程を統制しようとする誘因をもたらす．同一製品市場内での企業合併・吸収による水平的統合だけでなく，原材料から製品販売までの一連の過程を統制する垂直的統合も起こった．カーネギーやロックフェラーなど大企業がカ

ルテルやトラストを形成していった．

　寡占化・独占化が進むと，さらなる製品需要の確保・安定のため，差別化の手段として広告が登場する．広告は，のれん，商標，ブランドイメージといった物理的に検知できない資本（intangible capital）を創造する．生産要素を投入し財・サービスを産出するブラック・ボックスとしての企業を超える何かが既に起こっていたのである．

ロック流の自然権としての私的所有権

　機械過程によってもたらされた経済の激変は，人々がそれまで当然と思っていた社会を律する基本的考え方との軋轢を引き起こす．その典型例がロック流私的所有権であった．

　長谷部恭男『法とは何か』（河出書房新社，2011年）を参考に，ロックの私的所有権の議論は以下のように要約できる．

　ホッブズと同様，ロックも王権や政府といった公権力が存在しない自然状態から議論を始めるが，ホッブズの「万人の万人に対する闘争」に陥ることはなく，人間は秩序ある自己の行動を判断できる理性を持つ存在として現れる．その背後には，人間も含め宇宙の万物は神の摂理としての「自然の理法（ロゴス）」によって支配され，その摂理のもとに生きることによって初めて人間は理性的な存在になるという自然法思想がある．

　この自然法思想に基づき，ロックは人間と神の関係を想定する．人間はみな神の被造物であり，平等である．天然資源も人類全体に神が与えた．神によって与えられた理性により誰でも神の命ずる自然法を認識でき，それに従って自己の行動を判断できるという意味で自由である（ホッブズの誰もが自分の好きなことを何でもできるという自由とは異なる）．

　これらの想定のもと，公権力もなくその制定施行した法律もない自然状態で人々はどのような自由や権利を持つであろうか？　まず，自らが

自然法に従って生きるため，他人が自然法に従わず危害を加えてきたときに自らを守る保全の自由と権利を人は持つ．同様に，神の被造物であり平等な他人も，自己の保全が脅かされないかぎり，他人自らを守る保全の自由と権利を持つ．

　自己保全には資源を利用しなければならない．その権利も神から与えられている（自己保全ができなければ神の自然法に従って生きていけない）．人は（保全の対象である）自分自身の身体を固有のものとして所有している（自然法の範囲内で使用，処分の権利を持つ）．これは自己所有権と今日呼ばれている権利である．この身体に対する自己所有権が延長されて外物への所有権へと展開していく．自分の身体を動かす労働も自己の所有物である．ゆえに，①自己の所有物である労働をもって共有物である自然界に働きかけ獲得したもの（たとえば，鹿や兎，魚）も自分のものとできる．さらに，②未開の誰にも所有されていない土地を開墾することで，その土地と耕作からの収穫物を自分のものにできる．①は自己所有権の労働の成果物への延長であり，②は天然資源の個人による占有（appropriation，原始取得）による財産権への延長である．これらの延長は，自己保全のために効果的に資源を利用するためには，自然界に働きかけてその成果を自己の所有物とすることが必要という理由に基づく．まさに労働インセンティブを最大限に引き出すため，自然状態において，公権力の存在以前から人が持つ（そして誰もが否定しがたい）自然権として，私的所有権が主張されたのである．

　このように取得・蓄積された財産は，人間が神から与えられた天然資源（土地）を最大限活用しつつ自らの労働を投下して得られた神聖なものであり，いかなるものもそれを侵すことはできない．ここに，自由と契約（他人の所有権を侵すことなく自発的に自由に所有物を交換する約束）の神聖性と不可侵性が導かれる．

　以上のロック流の私的所有権の議論（正当化）は絶対王権からの人々の自由獲得に重点があったが，その議論を経済学的に強化し正当化した

のはアダム・スミスであった．彼は，相互に同意した（労働）契約を神聖で不可侵なものとし，政府や第三者による介入を強く否定した．広範に市場が存在し価格も安定しており，（契約が履行されることにより）それは資本（財産）蓄積のインセンティブを与え，その資本蓄積はさらなる分業を押し進め，経済成長をもたらすからであると彼は考えていた．ゆえに，ヴェブレンは，自然に働きかけ労働を投下する「個人の努力と（所有権制度を通じて）人類の利用に資する物質的生産を可能にする機能的効率性が所有権を正当化する最善の公理的根拠であった」（原著79頁より要約）と述べたのであった．

機械過程と私的所有権の軋轢

　機械過程が出現する前，商人や職人や小規模手工業者にとって，ロック流の自然権に依拠した私的所有権の考え方は当然のごとく受け入れられていた．彼らの労働投入は彼らの販売製造する財・サービスとなり，その所有権が与えられることにより，彼らの生計が成り立ち，彼らの労働意欲が確保されたからである．しかし，機械過程のもとでは，このような考え方はもはや成立しない．機械過程は私的所有権下の職人・小規模手工業者よりもはるかに高い生産性増加を現実にもたらし，生産現場では多くの労働者・技師・監督者と機械が「隙間がぎっしり詰まった細胞間におけるような調整の協働」を行うなかで，自己所有権の延長としての私的所有権が個人の労働インセンティブを最大限引き出していると認識することは困難になっていたからである．ここに，機械過程と自然権に依拠する私的所有権の間に軋轢が発生することになる．

　すでに浸透していた貨幣経済とこの私的所有権のもとで，企業活動は貨幣価値単位の契約を通じて行われ，貨幣価値単位で評価される．収支差額としての利潤は商人や職人や小規模手工業者にとっては生産的労働の増加とみなされたが，機械過程下の企業では生産設備への投資に対す

る報酬として企業活動に生来備わったものとみなされるようになった（他の生産要素に対しては契約に従って正当な報酬が支払われている）．その結果，生産過程や工場はその利潤獲得能力（profit-yielding capacity）の資本還元価値（現在割引価値）として評価される．ゆえに，生産設備（実物資本）の所有者は企業の利潤獲得能力を最大にするよう行動するようになる．企業の行動原理としての利潤原理がここに確立する．

　この企業の利潤概念の受容は，生産設備（実物資本）の所有者が受け取る利潤をロック流の私的所有権によってどう説明するかという深刻な問題を引き起こす（のれん，商標，ブランドイメージといった物理的に検知できない資本の存在は自己所有権の延長となる対象が規定できないという別の問題も生起させる）．自然権に基づく私的所有権と自己決定権を強調し政府の介入を最小限にすべきと主張するリバタリアニズム（自由尊重主義，極端自由主義）は，未開の土地の開墾とのアナロジーとして起業家が他の人がまだ発見していない利潤獲得機会を発見活用することへの報酬として利潤を弁護する（たとえば，森村進『財産権の理論』弘文堂，1995 年）．しかし，この弁護が事実に照らして妥当しないことは言うまでもない．自然権に基づいた私的所有権は機械過程の下でその正当性をすでに失っているようにヴェブレンには思えた．

　利潤獲得能力の資本還元価値の最大化という企業行動原理は，生産設備（実物資本）の市場における評価がその生産において投下された労働の価値（費用）によって規定されるという古典派経済学やマルクスの労働価値説とは異なり，生産設備が将来にわたって生み出す利潤の流列を評価する需要要因によって規定されるという近代経済学の考え方によっている．ヴェブレンの私的所有権批判は，マルクスのように労働価値説に基づくものではなく，機械過程と私的所有権の軋轢——生産現場の実態事実と所有権正当化の建前の軋轢——に起因していると言える．

思考の習慣

　自然権としての私的所有権は法や国家の出現以前から存在していたものと主張されているが，実際には絶対王権を打倒するために17〜18世紀に興隆した社会契約論から生まれた．ゆえに，私的所有権は人間社会が人為的に作った法である．もし，機械過程と齟齬をきたすなら，私的所有権を機械過程に適合するよう変更すればいいと考えるかもしれない．しかし，ヴェブレンはそうは考えなかった．彼は，私的所有権も含め，文化や制度を「思考の習慣（habits of thought）」と捉えた．それは，人の行為を導く慣習・規範・伝統というものであると同時に社会を認識するものの見方であり，理性による熟慮を助ける．この思考の習慣によって，人は自己の環境・状況を理解し熟慮し，その環境・状況に適合した新しい行動規範や新しい思考習慣を形成していくことができる．

　機械過程の下で働く労働者・技師・監督者は，その機械論的効率性基準に適応して，没個人的，機械論的，因果関係を基準とした合理的（伝統的な規範や慣習を無視する）思考の習慣を形成するが，生産設備の所有者（株主）は，彼らの生活実態が依拠する自然権に基づく私的所有権に適合して，人為的制度の背後に神の意思が働いているという意味で神人同形論的（anthropomorphic），伝統依存的（conventional），そのため自己の議論に対して懐疑的になれない保守的な思考の習慣を身につける．一方で，制度や行動規範は人々の思考の習慣に蓄積され，教育や模倣を通じて次世代に引き継がれていく．ゆえに，多くの人の思考の習慣において環境や状況がそれと矛盾しないなら，一部の人の思考の習慣において多少の齟齬があっても，社会全体の思考の習慣としての法や制度は変化しない（適応を起こさない）という弾性（resilience, 復元力）を持つ．思考の習慣はときに人類史上変化せず存続することもある．ヴェブレンは私的所有権の起源を論じた論文（Veblen, 1898）で野蛮時代に女性を奴隷として男性の所有物とみなした思考の習慣が彼の時代でも家族や社会における

男女の関係に反映されていると述べている．

　自然権に依拠した私的所有権は，思考の習慣として，機械過程が浸透するなかでも存続し，政治や文化などに様々な影響を及ぼすのである．

金融部門の発展とその帰結

　機械過程の下，生産設備への急速な投資増大を賄うためには自己資金だけでは足りず，貯蓄主体から投資主体への資金の提供という金融仲介機能が発達しなければならない．19世紀中頃以降には，部分準備率制度の下，銀行が信用（預金通貨）を伸縮的に創造できるようになり，株式・社債等の証券市場も確立してきた．1870年代にはロンドン発行のエコノミスト誌にパリの株式市況も掲載されていた．同時に，それまで経験したことのなかった景気循環に見舞われた．不況は非対称的に長く深刻で恐慌と呼ばれた．このような金融部門の発展のなか，利潤原理に従う企業がどのように関わり展開していくのであろうか？

　銀行の信用（貸出）拡張は，機械過程下で進んだ企業統合の状況では，物質的生産能力の増大よりは差別化された利潤獲得機会の優位性確保に使用される．生産力が増えない状況での名目需要の増加はインフレをもたらす．インフレは生産設備の担保としての価値を一時的に増加させ，さらなる信用が供与される．貨幣価値単位の利潤原則の下，銀行はインフレと生産能力増加を区別することはできない．生産能力増加のための投資がないので，消費だけでは十分な有効需要を確保できず，企業倒産をもたらし，銀行信用は収縮し，経済は不況に陥る．

　不況において，企業のさらなる統合に銀行信用は使用され，銀行も企業の所有者（株主）として現れる．企業の所有者（株主）構成の変化は，新しいタイプの株式である議決権を放棄した優先株（preferred stock）によっても起こった．優先株によって生産設備投資の資金調達をすると，優先株の所有者は法的には生産設備（実物資本）の所有者であるが，議

決権を持たないので生産設備の統制権を実質的に持たない．議決権を持つ普通株主が統制権を持つ．ここに，優先株主と普通株主の間に所有と統制の分離が生じる（この所有と統制の分離はBerle & Means（1932）における所有と統制の分離——無数の小株主の集団に対して経営者が裁量権を持つ——とは異なる）．合併・吸収を通じて検知できない資本が企業に蓄積されていくと，さらに普通株主の統制権を強めることになった．

統制権を持つ普通株主は利潤獲得能力の資本還元価値最大化という利潤原理に従うが，その資本還元価値は株式市場において株価総額として市場参加者の将来予測に依存して変動する．株主の投機的な行動も出てくる．ここに，株主の利潤原理追求が生産現場の物質的生産の効率性要請と乖離する現象が生じる．

銀行の信用拡張と信用収縮によって引き起こされるインフレとデフレから景気循環が起こる．不況は好況より長く価格低下も大きかった．機械過程のもたらす高い生産性上昇は不況期でも低費用企業の参入を招き，さらなる価格低下，不況の深刻化をもたらしたとヴェブレンは分析する．この深刻な不況から脱却するには2つの方法がある．1つは，不況期の価格切り下げ競争を抑止すること．これは，さらなる寡占化，独占化によって達成されるが，すでに企業統合が進んでいるので限度がある．もう1つは，価格を引き上げるための非生産的需要の創造である．民間はわざわざ非生産的となるような財・サービスの購入は行わない．それができるのは政府である．具体的には，戦争や軍備拡張の支出である．ここに政治が登場する．

政治や文化への影響

封建的勢力（王権や貴族）が退潮すると，生産設備の所有者（株主）の利潤に資する政府の政策が行われるようになった．利潤の獲得と蓄積が生産性増加（経済成長）に繋がるという，アダム・スミスが自然権に基

づく私的所有権と契約の神聖性・不可侵性を正当化した議論と同じ理由である．しかし，議会民主制が確立すると，生産設備の所有者（株主）は独裁者にはなれないので，多数の人々が利潤に資する政策（戦争や軍備拡張）を無条件で支持する世論――思考の習慣――が必要になる．愛国心である．これがヴェブレンの時代の帝国主義的植民地獲得競争に至るのは言うまでもない．

　一方で，自然権に依拠した私的所有権の徹底した規範化がその厳密な適用解釈によって試みられた．契約は神聖で不可侵であるから，労働契約の裁判において司法は介入しなかった．また，個人で合意した神聖で不可侵な契約は集団へ委譲することはできないとされ，労働組合は非合法とされた．

　景気動向によって企業間を移動していた労働者にとって彼らの唯一の資産である住宅という財産形成は問題外であり，私的所有権を擁護する誘因はない．私的所有権の正当性への疑問は，その行使が労働者や社会全体の経済的必要性（福祉）を逸脱するにつれて，私的所有権を否定する社会主義へと展開する（私的所有権を前提として否定せず賃金をめぐる所得分配に終始する米国の社会主義運動にヴェブレンは批判的である）．

　機械過程が科学者の思考の慣習に与えた影響は特筆に値する．機械過程が普及する以前は，「自然現象の原因」は自然法に則って機能する，神によって想定された事物の「自然な秩序（natural order）」がある，と考えられていた．機械過程は，常に複雑で微妙なバランスの上に成り立ち，バランスからの乖離は累積的効果を波及させる．そこには，飛び抜けた効果的原因（神）はない．これは，ダーウィンの進化論における累積的変化の過程が自然や社会を規定するという考えとも共通する．機械過程は既存の思考の習慣から神を駆逐する原動力であるとヴェブレンは考えた．

機械過程と私的所有権の衝突

　自然権に基づく私的所有権という思考の習慣から導かれる利潤原理は機械過程に基づく思考の習慣の浸透を阻止できない．機械過程なくして利潤が得られないからである．利潤に資する政策は教育やメディアへの影響を通して軍国主義的色調を帯び，市民的自由を奪い，愛国心・忠誠という封建的文化へと回帰する．機械過程がもたらす規律か軍事訓練に象徴される封建的規律かの二者択一が残されるのみである．これが，ヴェブレンが下した結論であった．

現代的意義

　以上がヴェブレン『企業の理論』（1904年）の概要であり，この著作から何を現代に生きるわれわれが読み取るかは読者自身に委ねたく思うが，最後に筆者が考える現代的意義を記してこの小論を閉じることにする．

　ヴェブレンが『企業の理論』で設定した2つの対抗軸——機械過程と私的所有権——は現代社会における最も本質的であるが最も解明が進んでいない課題を提起する．

　機械過程を規定する分業と協業の原理は，飛躍的な生産性上昇をもたらすという結果だけでなく，生産がどのように組織されるか，生産に携わる労働者がどのように働かざるを得ないか，を生産物・労働市場の影響の下，規定する原理でもある．安価なメニューのファースト・フード的外食チェーン企業では，大量仕入れの材料を工場で半調理食に加工して各店舗に配送している．工場での加工はまさに分業と協業の典型であり，その効率的生産のため，一定量の半調理食が各店舗に配送され販売されなければならない．それは売り上げノルマ達成のプレッシャーや長時間営業を必至とする．これは，企業内の諸工程間の調整のしわ寄せが

店舗の労働に集中している例である．非正規雇用労働の問題も単純労働者・半熟練労働者の流動的市場の規制という視点だけでなく，分業と協業のメカニズムの視点から考察することの価値はあるであろう．

　機械過程（あるいはそれを規定する分業と協業の原理）は近代経済学の分配理論——限界生産力説——に対しても問題を提起する．限界生産力説は，生産に用いられる生産要素（労働や機械）をその一単位のみ増やした，あるいは減らしたときの総生産量の変化分がその生産要素の報酬に市場均衡では等しくなるという理論である．その理論は同質な生産要素が企業外に大量に存在し（完全競争の条件），企業内の生産要素と容易に代替できるという前提に依拠している．しかし，機械過程として描かれる生産の組織方法は，生産要素間に非常に強い補完性をもち，生産要素の微小な雇用量変化がもたらす総生産量の変化は多大なものとなり，現実に支払われる報酬とは対応しない．さらに，分割された諸工程間における「隙間がぎっしり詰まった細胞間におけるような調整の協働」能力を形成・蓄積・体化した生産要素（技師や現場に熟練した労働者）は，企業外の"同様な"生産要素とは（容易に）代替的とならない（緊密なチームワークによるグループ生産における一部メンバーの離脱の場合にチーム外に新たなメンバーを探すのが困難な状況に相当する）．これは生産要素のその雇用されている企業（生産組織）に対する固定性という現象である．生産要素の固定性がある状況では限界生産力説は成立しない．この固定性下では完全競争的市場メカニズムが機能せず，生産要素の報酬はその所有者間の交渉によって決まることになる．残念ながら，この交渉に基づく分配理論は十分に発展していない（たとえば，Aoki, 1984）．

　限界生産力説と交渉に基づく分配理論においては，生産要素の所有者はその生産要素を使用し，生産に貢献するので，自己所有権の外的延長としての成果物に対する権利をもつと前提されている．しかし，機械過程の下では，多くの労働者は主体的に自己の労働を行使するというより，「隙間がぎっしり詰まった細胞間におけるような調整の協働」の必

要性の下，生産組織の指令者に従うのみであり，自己の労働を自然（あるいは他の生産要素）と協同（mix）する状況はもはや成立していない．一方，実物資本の所有者としての株主は，実物資本購入時の資金を提供しただけで，何ら実物資本を生産過程において主体的，自律的に行使していないにも関わらず，利潤を受け取る．それは，収入から他の生産要素への支払いを差し引いた残余を受け取る権利──残余請求権──を実物資本の所有者が持つとされているからである．しかし，残余請求権がなぜ実物資本所有者に必然的に帰属するかは明らかではない．自己所有権の外的延長としての自己の所有物が生み出した成果物への権利では実態との乖離が大きく説明できない．

ロック流（リバタリアン）の自己所有権あるいはそれから導かれた命題に基づいた私的所有権の正当化の議論は機械過程（分業と協業の原理）が広範に浸透した現代社会ではもはや説得力を持たない．代替的な正当化も試みられている．たとえば，社会における倫理的で責任感のある人間形成のため，個人が資源を使用し，処分する権利として，私的所有権とその平等な分配を主張するワルドロン（Waldron, 1988）などである．そのような試みにおける大きな障害は，ロック流の自己所有権の議論が個人の自由や自律という否定しがたい権利の論理的な基礎となっているため，自己所有権あるいはその派生命題を安易に否定できない，ゆえに，ロック流の議論の構造から脱却するのが困難であるということである（たとえば，Cohen, 1995）．しかし，このような正当化の試みも，その規定する私的所有権が機械過程（分業と協業の原理）のもたらす実態と整合的でない，ゆえに，労働者（人々）にとって説得的でないという問題を解決できない．

われわれは，現代の高い生産性に支えられた経済状況を棄て，ロック流の私的所有権正当化の議論と整合的な生産方法の時代に戻ることはできないであろう．機械過程のもたらす実態と整合的になるように私的所有権正当化の議論をうまく修正できるのか，あるいは，（集団的所有権で

はなく）まったく新しいシステムを構築できるのか，われわれが21世紀に解決しなければならない課題であることに間違いはない．

参考文献

Veblen, T. (1898). The Beginnings of Ownership. *American Journal of Sociology*, 4 (3), 352-365.
Berle & Means (1932). *The Modern Corporation and Private Property*. New York: Macmillan.
Aoki, M. (1984). *The Co-operative Game Theory of the Firm*. Oxford: Clarendon Press.
Waldron, J. (1988). *The Right to Private Property*. Oxford: Clarendon Press.
Cohen, G. A. (1995). *Self-Ownership, Freedom, and Equality*. Cambridge: Cambridge University Press.

読 書 案 内

- 西部邁（2014）『経済倫理学序説』中公文庫.
  ケインズとヴェブレンの著作を読み込むことを通じて，日本の近代経済学者が現状の新古典派経済学に対して批判的警鐘を鳴らした古典的著作の1つ．近代経済学（広くは社会科学）の担い手としての知識人のあり方を問うたもの．同時にヴェブレンの著作に記号論的な社会解釈論への萌芽を読み取ろうしている．
- 宇沢弘文（2000）『ヴェブレン』岩波書店.
  米国で名声を確立した著者が近代経済学の問題点をどう克服するか考える端緒となったヴェブレンとの意外な関係やヴェブレンの機械過程とも通じる著者の「資本の固定性」概念などを，ヴェブレンの影響を受けたと思われる他の克服の試み（ジョン・ロビンソンの資本理論，ジェーン・ジェイコブスの都市論，ボールズとギンタスの学校教育論など）とともに紹介している．

- 稲上毅（2013）『ヴェブレンとその時代——いかに生き，いかに思索したか』新曜社．
  難解なヴェブレンの著作（初期の作品には脚注も引用文献もない）を読むには，彼が生きた時代状況や思想的背景についての知識（ヴェブレンの全体像）が不可欠．この本はこれらの情報を与えてくれる日本語の唯一の本．

II-2

A. C. ピグー『厚生経済学』

功利主義に基づく実践的経済政策の集大成

加藤 晋 CATO Susumu

暗い時代に光明を求めて

　19世紀のイギリスの帝国主義は，国富の増大をもたらす一方で，格差という暗い影も落とした．20世紀に入り，長いヴィクトリア女王の治世も終わりに差しかかるころには，上位1％の富裕層が国民所得の20％以上を稼得することになった．所得ではなく，資産でみれば格差はさらに大きなものとなる．こうした所得と富の偏在は，人々の生活に大きな影響を与えた．多くの人々が職を失い，人間らしい生活を送るための必需品が得られないような状況に追いやられた．チャールズ・ブース（1840-1916）の調査によると，ロンドンの人口の30％以上が貧困状態にあった．救貧法をはじめとする，19世紀に確立したイギリスの社会制度は，激しい社会変化に耐えうるものではなく，その多くが変更を余儀なくされていた．

アーサー・セシル・ピグー
『ピグウ厚生経済学』I-Ⅳ
気賀健三，千種義人他訳，東洋経済新報社，1953-1955
Pigou, A. C.（1952 [1932]）．*The Economics of Welfare*（4th Edition）．London: Macmillan.

イギリスの直面した20世紀初頭のこうした困難こそが，この時代に経済学者としてのキャリアをスタートさせたアーサー・セシル・ピグー（1877-1959）を経済学者として突き動かす根源的事象であった．1908年に，30歳の若さでケンブリッジ大学の教授となったピグーは，貧困問題，産業の非効率性，関税などの問題に関する論考を発表しながら，自身の経済体系を彫琢していった．1920年に，前身となる『富と厚生』（1912年，マクミラン社）を大幅に拡張し，『厚生経済学』を出版し，自身の経済学体系を完成させた．ピグーは，出版後も1952年の第4版のリプリントに至るまで，この著書に幾度も改訂を加えており，まさにライフワークと言えるものである．
　ピグーは『厚生経済学』の序章を，次のような力強い文章で締めくくり，自身の問題意識を述べている．

>　経済学者が成し遂げようとしている複雑な分析は単なる知的訓練ではない．それらは人間生活をより良いものにするための道具である．われわれを取り囲む惨めさと汚らしさ，一部の富める家庭の有害な贅沢品，大部分の貧困家庭に影を落とす厳しい不確実性――それらは無視するにはあまりに明確な害悪である．われわれの科学が探し求める知識によって，それらを抑制することができる．暗闇から光明を！　この光明を探すことこそが，「政治経済学の陰鬱な科学」がその学問に取り組むひとびとに与えるところの任務であり，それを見つけることこそが褒賞なのである．（ピグー，『厚生経済学』第4版リプリント，p. vii）

　この印象的な文章はピグーの経済学の本質的特徴を捉えている．それは，貧困に対する情熱，実践に対する志向，分析的枠組みとしての政治経済学，そして，そのラディカルな介入主義である．
　第一に，ピグーの動機の根幹にあるのは貧困問題の解決という目標で

ある.ピグーの最初期の経済学の研究は,救貧法改革の考察に関するものであり,彼の研究の深層には常にこの問題がある.『厚生経済学』でも,効率性を損なわず,貧困層の所得水準を上げる政策に多くの議論が割かれている.

　第二に,ピグーの経済学は実践的性格を持つ.分野としての厚生経済学は,ピグーの『厚生経済学』によって確立された.戦後の厚生経済学が論理的分析を中核に据えているのに対して,ピグーの厚生経済学はイギリスの社会的状況を統計に基づいて記述し,その性質に応じて分類を行い,それぞれの分類ごとに政策判断の分水嶺を明らかにすることに多くの紙面を割いている.ピグーは,エレガントな理論を構築するよりも,現実の問題への処方箋を提供することを重視していると言えよう.

　第三に,ピグーより6年後に生まれたジョン・メイナード・ケインズ(1883-1946)が新しい思想を求める20世紀的人物であったのに対して,ピグー自身は正統派のヴィクトリア朝的人物であった.「政治経済学(political economy)」とは19世紀的用語であって,20世紀には「経済学(economics)」という用語にとって代わられている.ピグーが,ここで自身の学問をあえて政治経済学と位置づけているのは,経済の動きを説明するための「枠組み」という点において,伝統的アプローチを重視する自身の姿勢を強調するためとみてよいのかもしれない.

　第四に,ピグーの経済政策はラディカルな介入主義としての性格を持つ.政治経済学のアプローチを踏襲するからと言って,ピグーの経済学が,実際の政策面でそれまでの経済理論となんら変わりないということはない.先駆者はいるものの,ピグーは政策原理としての功利主義思想をあらゆる経済活動の評価に用いた初めての経済学者と言えよう.貧困の倫理的・経済的損失を検討し,その解決方法を実践的に考察するためには,社会状態を評価するための社会原理を必要とする.この意味で,功利主義思想こそがピグーの厚生経済学の心臓部分と言える.以下では,ピグーの『厚生経済学』を功利主義の実践という側面から解説したい.

『厚生経済学』の体系とその影響

　ピグーが1000頁近くに及ぶ『厚生経済学』において明らかにしようとしたのは，ジェレミー・ベンサム（1748-1832）の功利主義思想に基づいた経済政策の全体像である．ベンサムの生前には極端な思想とみなされた功利主義は，ヴィクトリア女王の時代を通じて，イギリスの知的階層に浸透していった．じっさい，ピグーやケインズの世代の人々は，ヘンリー・シジウィック（1838-1900）やG. E. ムーア（1873-1958）といった功利主義者からの影響を受けながら，自身の社会思想を育んでいった．

　言うまでもなく，功利主義とは「最大多数の最大幸福」をスローガンに，各人の効用の総和を社会の福祉の状態と考える立場である．功利主義は，ある面においては平等主義的である．出身階級や教養などとは関係なく，あらゆる人物の効用の1単位は1単位として扱われる．もちろん，それは総和が増加するのであれば，誰かが犠牲になることを厭わないために，人権概念やニーズの概念を重視しないという性格を持っているが，その本質はあらゆる個人の効用の価値を同等に扱うということにある．

　ピグーは『厚生経済学』のなかで，経済政策によって引き起こされる利益と損失を検討し，功利主義に従って状況に応じた指針を導いている．功利主義自体は，ピグー以前の経済学者にとっても「通念」と言うべきものであって，その受容は，それ自体として特別なものではない．また，ピグーの功利主義の立場は，ベンサム流の古典的なものとその本質において変わらず，その思想自体において新しいものはない．

　だが，ピグーが功利主義を経済政策の根幹原理として採用したという点は注目に値する．たとえば，ピグーとケインズの師であるアルフレッド・マーシャル（1842-1924）は功利主義者であるが，経済政策を導くうえで功利主義を採用したわけではない．彼は経済政策の根本原理として「消費者余剰」を用いた．消費者余剰は，大雑把に言えば，人々の感じ

る金銭的価値の合計である．格差によって影響を受けることはない．原理として消費者余剰を用いる限り，格差を是正する政策を正当化することは不可能である．そこで，消費者余剰に基づく政策は，必ずしも功利主義に基づく政策と一致しない．このような点で，マーシャルとピグーの政策案の間には大きな乖離が存在する．

功利主義思想を政策原理として導入することは，既得権益を持つ人々にとっては耳障りな，積極的介入政策を支持することを意味する．それは，功利主義が，自由主義的な「獲得の正義」の内在的価値を認めないために，富裕層の既得権益を破壊し，再分配することを，政策案の1つとして提案しうるためである．

ピグーは政策を分析するにあたって，功利主義に基づく2つの命題を与えた（第三の命題も存在するがここでは省略する）．第一の命題によれば，貧困層の所得を減らさない限り，国民所得の増大は経済厚生にとって望ましい．第二の命題によれば，相対的に所得の高い個人から低い個人に所得移転することは経済厚生を改善させる．一定の前提さえ認めてしまえば，この2つの命題を功利主義から論理的に導くことは難しいことではない．

しかし，実践的原理として，この2つの命題は決定的に重要である．第一命題は，社会制度の効率性と社会厚生の関係を述べている．一方で，第二命題は，社会制度の公平性と社会厚生の関係に関するものである．ほとんどの経済問題で，効率性と公平性のトレード・オフは避けがたい課題となる．ピグーの2つの命題は，効率性と公平性を両立させながら経済政策を実践していくための「道具」と言えよう．

ピグーは，これらの命題を膨大な量の経済問題に適用したが，それによって多くの問題を刺激した．その一例は，よく知られた「外部性」とその解決だろう．産業発展は，時として公害や環境破壊を生み出すことになる．特に，自由放任主義のもとでは，これらの外部性の問題が深刻化する可能性がある．ピグーは，第一命題に基づき，加害者に適切な税

金を課すことによってこれを解決することができることを論じた．ピグーの考え方に基づく課税方式は「ピグー税」と呼ばれ，現代の環境改善のための政策における基本的指針となっている．

また，ピグーの『厚生経済学』における功利主義に基づいた財政論は，今日の課税理論の礎となったと言える．フランク・ラムゼイ（1903-1930）は，一定の政府支出を所与として，人々の効用を最大化するような課税政策を求めている（Ramsey, 1927）．ラムゼイによる厳密な数学的分析は，ピグーの厚生経済学の土台の上に成立している．ピグー＝ラムゼイ流のアプローチは，その後，多くの研究者によって拡張された．効率性と公平性のバランスを取りながら，最適な税率を求めるアプローチは，現在，税制を考察するうえでの分析的主柱となっている．

さらに，第二命題に基づく所得分配論は不平等の研究の出発点となっている．ピグーの不平等是正に関する分析は，労働党で大蔵大臣を務めた経済学者ヒュー・ドールトン（1887-1962）によって不平等指標の理論的枠組みに組み込まれた（Dalton, 1920）．功利主義的枠組みに基づいた不平等の分析は，アマルティア・セン（1933-）らによって拡張され，現在では，国連開発計画などにより，経済発展のための分析的道具として採用されている（国連開発計画『人間開発報告書』）．

他方，ピグーは国民が最低限受け取るべき所得水準（ナショナル・ミニマム）についても論じている．当時の急進的な社会主義者たちは，ナショナル・ミニマムの導入を提言していたが，彼らの提言は理論的基礎付けを持たないものであった．しかし，その水準の設定にあたっては何らかの分析的枠組みを必要とする．ピグーは，第二命題によってナショナル・ミニマムの正当化を導こうとした．

ピグーの厚生経済学体系は，発表と同時に，多くの経済学者に歓迎され，広く受け入れられた．1910年代と20年代を通じて，イギリスにおける実践的経済政策の集大成として重要な地位を占めていたと言えよう．

厚生経済学の解体と再構築

　1932年，ライオネル・ロビンズ（1898-1984）の徹底的な攻撃によって，ピグーの厚生経済学はその覇権を失うこととなった（『経済学の本質と意義』1932年，マクミラン社）．ロビンズは，功利主義が前提とする効用の個人間比較を問題とした．功利主義のもとでは，ある個人の効用の減少分がほかの個人の増加分よりも小さいのであれば，そのような変化は是認される．これは，個人の間に共通の単位が存在し，人々の効用を比較することができることを前提とする．ロビンズによれば，こうした前提は科学的ではなく，排除されなければならない．個人の効用は序数的で比較不可能なものとして扱われるべきものである，というのがロビンズの立場であった．

　ロビンズの「序数主義」はピグーの厚生経済学の根幹を否定するものであったが，1930年代以降，多くの経済学者によって共有されることになった．これにより，ピグー的アプローチは70年代に至るまで，ほとんど振り返られることはなかった．ロビンズ以降の経済学で，功利主義原理に代わり採用された政策原理は，「パレート原理」と呼ばれるものである．この原理のもとでは，全会一致で認められるような変化のみが社会改善として認められる．パレート原理は個人間の比較を全く必要としないため，ロビンズの「序数主義」と整合的である．

　しかし，パレート原理は，一切の所得移転を容認しない．すなわち，最も富める個人から最も貧しい個人への1万円の所得移転さえも許さない．このような変化は，富める個人に小さな痛みを与えて，貧しい個人へ大きな喜びを与えるものかもしれない．前者の小さな痛みと後者の大きな喜び比較することなど不可能であるというのが，新しい厚生経済学のもとでの主張である．

　パレート主義の厚生経済学は，効率性の問題には積極的に介入することを許す一方で，公平性の問題には何の答えも与えない．それゆえ，き

わめて不平等な配分ですら,パレート主義の観点においては望ましい政策の1つとなりうる.このことは,少なくとも分配の側面においては,富裕層に都合の良い経済政策を正当化する原理になりかねないことを意味する.

　ところで,ピグー自身は,ロビンズの批判の後にも自身の厚生経済学の体系に一切の変更を加えていない(ピグー,『厚生経済学』1952年,第4版リプリント,補論).彼は,比較可能性の問題をどのように考えていたのだろうか.ピグーは,人々の間に利害の対立が存在するときに,何らかの社会的判断を下すことを経済学の重要な課題であると考えていた.こうした場合に何の判断も下さない価値基準はピグーにとって光明を与えるものではない.実践の学としての経済学に求められるのはエレガントな理論ではなく,目の前に苦しむ人々を救うための実際的手段でなければならない,というのがピグーの信念である.

　ピグーは人々が同質的嗜好を持つと仮定することが,比較可能性のための鍵であると考えていた.人々の選好が同質的であれば,その選好に基づいて,誰がより望ましい状況にあるかを確定することができる.もちろん,実際には,一国の人々は,財に対して,それぞれ異なる嗜好を持つ.人によってはある財を特別に好み,別の財を何らかの理由で嫌うということがあるのかもしれない.ピグーは,人々の嗜好の「近似」を前提に政策の実行を行えばよいと考えている.それがたとえ厳密な正確性を犠牲にするものであっても,選好の差異を前提にすることで何の政策実行もできないよりは,はるかに経済学の存在意義に寄与するのである.

　こうしたピグーの抵抗は大きな影響力を持つことはなく,多くの経済学者はパレート主義に従い分析を行っていた.厚生経済学が実りのない陰鬱な分析をする学問と考えられていった中での,1つの転機はジョン・ロールズ(1921–2002)が1971年に出版した『正義論』である.ロールズの正義論の主題は,ピグーと同じく,社会制度が基礎とすべき究極

的原理の追求とその適用である．

　しかし，ロールズの目的は，ピグーが信奉した功利主義を擁護することではなく，むしろ，功利主義を打倒し，新たな社会正義の原理を構築することであった．ロールズは，①人々が自由や機会を等しく享受すること，そして，②最も恵まれない個人をなるべく有利にすることを理念とする正義原理を定式化した．

　ロールズの論点は比較可能性ではない．では，功利主義のどのような性質を不服としたのか．ロールズは，何に基づいて比較するのかという点を問題視している．じっさい，社会で生活していくうえで基盤となるような財を「社会的基本財」と呼び，その財の量を基準として，個人の福祉の達成度を評価することを提案している．こうした財には，所得や富だけでなく自由などが含まれる．人々は，基本財をなるべく等しく受け取る権利を持っており，こうした財の観点から恵まれない個人に特別の注意が払われなければならない．

　ロールズの正義論は，ピグーの厚生経済学と同じく，厳しい批判にさらされることとなった．興味深いことに，その過程でピグー流の功利主義的アプローチの有利な点も見直された．70年代以降の政策に関する理論分析においては，同質的効用を持つ個人の効用の総和を目的とする仮定は決して珍しいものではない．結局のところ，公共経済学，政治経済学，国際貿易の分野において実践的議論をするうえでは，ピグー流の規範的想定に依拠した分析は，少なくとも研究の第一歩としてなされるべきこととして再び受容されたのである．

　その潮流はさまざまであるが，厚生経済学の歴史とは，一方では，ピグーの『厚生経済学』が解体されていくプロセスであり，もう一方ではそれが補強されていくプロセスであった．パレート主義の厚生経済学者にとっては，ピグーの体系は巨大なナンセンスの塊と映るのかもしれない．功利主義的厚生経済学者にとっては，彫琢すべきダイヤモンドの原石と映ったはずである．功利主義思想に反対する者にとっては，それを

批判し，あるべき方向性を探るためのベンチマークである．

厚生経済学の未来

『厚生経済学』の初版が出版されてから 100 年近くの時間が経った．ピグーやケインズの時代のものに比べて，経済理論の分析的枠組みははるかに発展したと言えよう．しかし，彼らが見た貧困は，光明の発見によって克服されたとは言い難い．むしろ，21 世紀に至り，戦中・戦後に改善した不平等が，再び 20 世紀初頭の水準まで戻ったという指摘がなされている．これは，多くの先進国においてみられる顕著な傾向であり，現代の日本でも不平等と貧困は重要な課題の 1 つである．

われわれは，この時代にこそ，ピグーの志を引き継いで，人間生活をより良いものとする道具を求める必要があろう．もちろん，それはピグーの厚生経済学の功利主義的枠組みをも引き継ぐということを意味しない．なんらかの厚生指標を用いて政策を評価し，よりよい社会を実現するために政策を実践していくことが重要である．

近年の挑戦について，2 つの例を挙げたい．2009 年，フランスのサルコジ大統領（当時）のリーダーシップのもとで，著名な経済学者が集まり，経済活動と社会進歩の社会的評価方法について検討された（「スティグリッツ＝セン＝フィトゥシ委員会」）．この委員会の報告書では，人々の生活は多面的に捉えられるべきであり，健康，教育，環境などの「実質的自由」により公平にアクセスされるべきであることが論じられている．これは，効用以外の情報を多角的に取り入れようとしている点で，古典的功利主義と大きく異なる規範的枠組みを前提としている．

一方で，2012 年からは国連の「持続可能な開発ソリューション・ネットワーク」による『世界幸福度報告書』によって，各国の幸福度が報告されている．その中核は，人々の主観的幸福の水準の情報をもとに集計を行うことで作成された国際的ランキングである．この報告書は，アン

ケートに基づいた幸福度の計測が発達することにより，こうした試みが社会科学の分野で広く採用されるようになったことを背景としている．これは，ベンサム／ピグーを実践する試みとみなせるのかもしれない．

　この2つの挑戦の間の明確な差異に表されるように，厚生経済学をめぐる思想は，疑いなく多様化しており，正しい唯一の社会原理を求めることは難しい．われわれは，さまざまな福祉の可能性を模索しながら，公正な社会を目指す必要がある．そのなかで重要なことは，それらを冷静に比較し検討するための，実践的理念に裏打ちされた理論的分析である．これこそが，ピグーがわれわれに残した遺産である．

参考文献

Ramsey, F. P. (1927). A Contribution to the Theory of Taxation. *The Economic Journal*, 37 (145), 47-61.
Dalton, H. (1920). The Measurement of the Inequality of Incomes. *The Economic Journal*, 30 (119), 348-361.

謝辞：本研究は，JSPS科研費26870477の助成を受けたものです．そして，JSPS海外特別研究員（課題：福祉と公正）としての研究成果の1つです．

読書案内

● ジョン・ロールズ (2010)『正義論 [改訂版]』川本隆史・福間聡・神島裕子訳，紀伊國屋書店．
　20世紀における政治哲学の金字塔である．その内容は厚生経済学と問題意識を共有する．ロールズによって提唱された正義原理は，ピグーの採用した功利主義とともに，現代の規範分析の基軸となっている．現在でも，多くの厚生経済学者が，ロールズ正義論の批判的検討を行うことで新しい評価の方法を模索している．

- アマルティア・セン（2000）『集合的選択と社会的厚生』志田基与師訳，勁草書房．

    センは，ケネス・アローによる社会的選択理論の射程を広げることで，功利主義思想やロールズの思想を論じるための厚生経済学の理論的枠組みを構築した．ピグー流の功利主義原理の拠って立つところの効用の比較可能性を再考することを通じて，功利主義の本質と意義を論じている．この本が功利主義の分析に寄与するところは大きいが，セン自身は功利主義を厳しく批判している．

- Fleurbaey, M.（2008）. *Fairness, Responsibility, and Welfare*. Oxford University Press.

    この本は，ロールズ以降のさまざまな政治哲学の議論を踏まえて，経済的状況における公平配分について論じている．人々の人生のどのような側面に注目するかによって，公平性の概念は大きく異なりうる．フローベイによって明らかにされたのは，こうした分析は論理的に議論できるものであり，公平な配分は現実的な政策によって実現可能であるということである．彼の提案する社会原理はロールズ正義原理とピグー流の功利主義の中間にある．

II-3

L. ロビンズ『経済学の本質と意義』

科学的分析と規範的分析の区別を論じた古典

釜賀浩平　KAMAGA Kohei

著作の背景と学問的意義

　本著作はロンドン・スクール・オブ・エコノミクス（LSE）の経済学者であるライオネル・ロビンズ（1898-1984）が，1932年に初版として，1935年に第2版として出版したものである．同書は大きく3つの点で経済学にとって重要であった．まず，経済学とは目的と希少な手段との関係性として人間行動を説明する科学であると，希少性に基づく定義を与えたことである．次に，基数的で個人間比較可能な効用という概念を非科学的な仮定として否定したことである．最後に，政策評価などの規範的評価を下すことは科学としての経済学の範疇ではないと，科学としての経済分析と規範的評価に区別を設けたことである．

　いずれの点も現在の経済学，特にミクロ経済学に反映されたものだ

ライオネル・ロビンズ
『経済学の本質と意義』
小峯敦・大槻忠史訳，京都大学学術出版会，2016
Robbins, L.（1932 [1935]）. *An Essay of the Nature and Significance of Economic Science*（1st edition）. London: Macmillan.

が，最後の点は経済学が実践にはかかわれないものと誤解され，当時の経済学者の間に大きな論争を呼んだ．ロビンズの議論が当時の経済学にとっていかに新しく，そして当時のイギリスではいかに過激な主張だったのか，これを理解するためにロビンズの議論と関連する範囲で経済学の発展の歴史を簡単に振り返ろう．

18 世紀後半から 19 世紀中頃にかけてイギリスでは古典派経済学が発展した．経済学の父であるスミスに始まり，リカード，ミルへと続いた経済学の体系である．古典派経済学の関心は，物質的生産物としての富は何を要因として生み出され，そして，生み出された富が労働者には賃金として，地主には地代として，資本家には利潤として，3 階級にどう分配されるのか，さらには，時間を通じて富はどのように成長するのかにあった．また，生産物の価格の説明は，人によって差異はあるが，リカードは生産に投下した労働量によって決まるとしていた．

19 世紀後半，経済学に限界革命と呼ばれる革命がおきる．この革命はイギリスではジェボンズ，オーストリアとスイスではメンガーとワルラスによって 1870 年代になされ，追加的消費から得られる追加的効用である限界効用によってモノの希少性に対する個人の主観的評価を捉え，価格の説明に限界効用が持ち込まれた．これにより経済学が新古典派経済学へと変貌をとげた．イギリスにおける新古典派経済学の発展はケンブリッジ大学を中心地としてマーシャルが牽引し，労働者の貧困が深刻な問題であった当時のイギリスにおいて，人間の質的向上にむけた実践を重視する経済学として発展させた．マーシャルの後任のピグーもその流れを継ぎ，人間生活の改良の道具として厚生経済学を創始した．実践を念頭におく経済学の発展は古典派経済学と同様であり，一方で大陸ヨーロッパの新古典派経済学とは異なっていた．また，イギリスでは実践上の政策評価に功利主義（効用総和の比較）が伝統的に用いられていた．

こうした背景をふまえ，先にあげた同書の重要性を振り返ろう．ま

ず，ロビンズが経済学を希少性によって定義したのは，希少性が経済学の中心に登場した半世紀もの後である．ただし，希少性を経済学の中心に据えることと，希少性に経済学の定義を見いだすことは別であり，また，ロビンズが同書の中で論じるように，ある科学の定義はそれが一定の発展を遂げた後に，解きうる問題の統一性から定める他はない．そこでロビンズは，統一性を希少性に見いだし，今も（ミクロ）経済学で使われる定義を与えたのだ．

次に，基数的で個人間比較可能な効用の否定は，それ自体の否定だけでなく功利主義の計算が意味をなさないことも意味し，当時の政策評価を根底から否定するものだったのだ．特に，功利主義に基づくピグーの厚生経済学に根底から見直しを迫る主張であった．最後に，科学としての経済分析と規範的評価の区別は，実践志向の経済学が展開された当時のイギリスでは，異端の主張として響いたのだった．

経済学における稀少性定義をめぐって

本著作は全6章で構成されている．初版だけでなく第2版の議論にも適時触れつつロビンズの議論を概観したい．

第1章「経済学の主題」では，希少性の観点から経済学の主題を明らかにし，経済学の希少性定義が与えられる．まずロビンズは，経済学はパンの消費から得る厚生のような物質的厚生の諸要因に関する研究であるとする，経済学の物質主義的定義を退ける．この定義はマーシャルを含む当時のイギリスの経済学者に広く共有されていたが，物質と無関係な経済現象を経済学の範囲外とする点に問題があるとロビンズは指摘する．ロビンズが用いた例にならえば，経済学は物質的厚生と関係のないオーケストラ団員の賃金を説明できないことになってしまうのだ．そこでロビンズは適切な定義を与えるべく，経済学が主題とする経済現象が持つ統一性をさぐり，希少な手段を処分する人間行動という統一性を見

いだす．そして，次のような経済学の希少性定義を与えるに至る．「経済学は，代替的用途を持つ希少な手段と，目的との間にある関係性としての人間行動を研究する科学である」(ロビンズ，2016, p. 17)．つまり，手段の希少性によって目的の達成にトレードオフが生じる場面を分析する科学と定義したのだ．この定義の重要な点は，問題構造がこの形式に合致するあらゆる問題を経済学は主題とする点であり，この点から希少性定義は分類的概念ではなく分析的概念であるとロビンズは指摘している．また，ロビンズは希少性定義に付した注でメンガー等の著作の参照を促しており，ロビンズが経済学としてイメージするものがオーストリア学派と呼ばれるオーストリアの新古典派経済学であることがわかる．実際，ロビンズはLSEにオーストリア学派を持ち込むことに尽力した人なのである．

　第2章「目的と手段」では，希少性定義にある目的と手段の両概念が経済学に占める位置づけが議論される．希少性定義は分析的概念であり，経済主体が抱く目的がどんな類いのものであれ，その達成が手段の希少性によって制約をうける限りはその主体の行動は経済分析の対象になるとロビンズは論じる．よって，経済学が取り扱う目的といった分類はなく，経済学は主体の目的に中立的であり，それは分析で所与とされるだけであると強調される．

　手段については，目的達成に向けたそれの希少性が重要だとロビンズは指摘する．特に，手段の希少性を明示して経済学を定義することで，生産技術に関する経済学の主題の範囲が明確になるとロビンズは論じる．なぜなら，生産技術は一般に物質的厚生に関係し，物質主義的定義を用いる限りは生産技術に関する科学的知識を含む全ての点が経済学の主題になってしまうが，経済学が取り扱うべき生産技術の側面とは手段の希少性を左右する部分だけだからだ．これを指摘し，ロビンズはさらに経済史のあり方とマルクスの史的唯物論の批判へと進む．ロビンズによれば，経済史は蒸気機関の物理的構造の事例研究などではなく，希少

な手段によって目的を達成しようとする人間行動と関係を持つ事例研究でなければいけない．また，史的唯物論は，歴史上のあらゆる出来事を物質的生産様式の随伴現象として説明しようとする物質主義的なものであり，われわれの知る経済学からは導かれないと批判している．

第3章「経済"量"の相対性」では，希少性概念の相対性に照らして生産力や価値（価格）の捉え方が議論される．まずロビンズは，生産力は需要を充足する力という意味で相対的な概念だと論じる．よって，生産総量それ自体は需要と無関係には経済的な意味を持たず，ロビンズの例にならえば，大量生産の経済的価値は物質的生産の増加という技術的側面からのみ捉えても意味はない．生産総量が経済的意味を持たないことは，古典派経済学に見られる経済学の区分に対するロビンズの批判へと繋がっていく．古典派経済学は富の生産と分配を分析したが，ロビンズは経済学を生産と分配に区分するのは不適切であり，経済学の中核は価格・需要・供給という希少性定義の下で経済的意味を持つ概念を用いた均衡及び変動の理論だと論じる．なお，第2版では均衡，比較静学（与件変化がもたらす変化），および動学的変化の理論としている．

価値（価格）の捉え方については，ロビンズは価格の経済統計の解釈に注意を与える．まず，価格とは市場取引で主体の相対的価値判断によって決まる財・サービス間の格付け（価値の計測）であり，価格が統計として意味を持つのは，その時の他の財・サービスの価格との比較だけだとロビンズは指摘する．そして，現在と過去の価格の比較は，商品の交換が時点の違いにより不可能なため，意味を持たないと主張される．ただし，ロビンズは物価指数などが実用上で効能を持つことは否定せず，その効能が実用上で仮定される経験的なデータの不変性の仮定などに依存することを強調するのみとしている．物価指数に関するこの議論を理解するために，簡単な補足を与えておく．まず，消費者物価指数に代表される物価指数は，時点間の価格変化によって生じる同一生活水準（効用）の実現に必要な生計費の変動を測ることを目的とする．しかし，

同一生活水準という主観で測られる状況は直接観察できないため，消費構造に変化がない，つまり，消費者の買い物かごの中身に変化がないと仮定した場合の生計費の変動を物価指数は計測している．物価指数にはこうした不変性の仮定があり，真の生計費の変動を近似するにはいくつかの仮定も必要とされる．

科学的な分析と規範的分析の区別を論じる

　第4章「経済学の一般法則における本質」は第2版で大幅に書き換えられたが，初版と第2版ともに経済学が命題の形で示す一般法則はどのように導かれ，その妥当性は何に依存するかが論じられる．

　まずロビンズは，市場価格以下の価格統制は超過需要を生むという命題など，いくつかの一般法則を取りあげて，一般法則は歴史から経験的に明らかにされるのでも，実験によって明らかにされるのでもないと論じる．第2版では，一般法則は財の希少性と何らかの関係を持つ諸仮定から演繹によって明らかにされる命題であることが明確に言及され，一般法則の妥当性は諸仮定の妥当性に還元されるとし，また，諸仮定は経験的事実として明白と論じている．

　経済主体の相対的価値判断は一般法則を演繹する際に基本となる仮定だが，ロビンズは相対的価値判断の仮定はあくまで主体が何らかの相対的価値判断を持つという仮定にすぎず，心理学上の快楽主義学説（人間行動の動機を快楽追求と苦痛回避に求める考え方）とは無関係であることを強調する．オーストリア学派は快楽主義学説と無関係という立場をとっていた一方で，イギリスではジェボンズやエッジワースが相対的価値判断の仮定の妥当性を快楽主義学説に求めたことを背景に，経済学は心理学説の有効性に左右されるという誤解をロビンズは払拭しようとしているのだ．第2版では，客観的に観察不可能である相対的価値判断の仮定を用いずに，観察可能な前提で理論を構成することの可能性についても

論じ，ロビンズはこれに否定的な立場をとる．その理由として，行動に説明を与えようとする以上，心理的要素という観察不可能な仮定なしに理論を組むのは不可能であることをあげ，この点が自然科学と社会科学の違いであるとしている．この他に第2版では，主体の合理性も演繹の重要な仮定であること，また，経済分析の本質は静学だが，これは不均衡状態からの動学分析の基礎であることを論じている．

第5章「経済学の一般法則と現実」では，現実の観察に基づく実証研究と照らし合わせて一般法則と現実との関連が議論される．ロビンズは実証研究に対して，それが有限の観察例から一般法則を生みだすなどとは期待できないとする．しかし，ロビンズは実証研究を否定するのではなく，2つの点から期待を寄せる．1つは仮定から演繹されたという意味で真実とみなされる理論について，その理論がどの程度現実を反映しているのか確認できる点であり，もう1つは一般法則で説明できない問題の存在を明らかにし，理論の拡張の必要性を確認できる点としている．そして，理論研究と実証研究のそうした補完関係が両者のあるべき関係性だと論じる．また，ロビンズは一般法則による予測をする際にも，この補完関係が重要だと論じる．一般法則は与件の下での必然的帰結を示すものだが，変わりゆく与件を把握できなければ一般法則による予測は行えず，その把握を可能とするのは実証研究だとしている．一方で，経済学の一般法則は与件変化による変化は説明できるが，相対的価値判断といった与件そのものの変化は説明できないところに限界があることにロビンズは注意を促している．第2版では与件変化を扱えるように経済理論を拡張する可能性も議論されるが，ロビンズは懐疑的な立場をとっている．

第6章「経済学の意義」では，科学としての経済学は規範的評価を含む命題を含まないことを，効用の基数性と個人間比較可能性を軸に議論している．規範的評価を含む命題として，ロビンズは当時のイギリスで受容されていた次の命題を取り上げる．すなわち，限界効用逓減の法

則が成り立つ，つまり，追加的消費から得る効用の増分が逓減するならば，分配の平等化は社会の効用総和を増大させる．効用総和が意味を持つには，相対的価値判断の尺度である効用が，体温のように基数的で（つまり，値や値の差が意味を持ち）個人間比較可能な単位を持つことが前提になるが，ロビンズは「Aの満足とBの満足とを比較し，その大きさを検証する手段は何もない」（前掲書，p. 125，強調は原文ママ）と，その前提の非科学性を指摘する．また，効用を基数的で個人間比較可能とする仮定を仮に受け入れても，なぜ功利主義で評価するのかという問題を避けており，平等化政策の実践を何ら正当化しないと論じる．

ロビンズにとって，一般法則を「である」を含む命題として示す実証科学としての経済学と，「べき」を含む命題として一般法則を示す規範的研究には，論理的な溝があるとされる．しかしロビンズは，経済学者が倫理的問題に見解を述べてはならないと言っているのではないと注意を与え，経済学者が倫理的問題を考えることは，解決を求める問題に含まれる所与の目的の意味内容を帰結に照らして評価するのを可能にする点で，むしろ望ましいとしている．ロビンズの意図は，価値判断を含む命題の妥当性は科学的に検証できないという指摘にすぎないのである．そして，ロビンズは科学としての経済学の意義は，実践において拘束力のある規範を与えることではなく，「究極的なものの間の選択に迫られた時に，その選択の意味内容を完全に理解した上で選択することを可能にすることである」（前掲書，p. 138）とする．ここからロビンズは規範的評価の合理性の判断にも議論を進め，その評価が合理的であるかどうかは，科学としての経済学によってそれを所与とした場合の帰結を明らかにすることで可能になると論じている．

著作が経済学に与えた影響

同書が基数的で個人間比較可能な効用を否定し，規範的分析と科学と

しての経済学とを区別したことは，経済学に大きな影響を与えた．のちにケインズの理論を動学化するハロッドとの間で，1938年に学術誌『エコノミック・ジャーナル』上で論争があった．ハロッドは，経済学者の政策助言を政策がもたらす帰結の説明に限定するのは，現段階の予測力の低さから過大な要求であり，低い予測力の範囲に限定される点で過小な要求であるとし，また，政策の評価をしない経済学に有用性はないと論じた．さらに，有用な政策評価のためには細心の注意を払いつつ効用の個人間比較を仮定すべきとした．ロビンズは応答論文で，個人間比較は科学的に正当化できないとしつつも，仮定することには反対していない．また，自分が意図したことのすべては，経済学者は規範的分析と事実解明的分析の正確な関連を認識すべきであり，政治思想家としての実践はより自覚的に行うべきということだと述べている．この応答論文ではロビンズの実践上の立場も述べられており，暫定的功利主義，すなわち，あくまで単純化のための近似として各個人を等しく一個人としてカウントして最大多数の最大幸福を模索すべきとする立場をとっている．

　基数的で個人間比較可能な効用の非科学性の指摘は，序数的で（つまり，値の大小関係しか意味を持たず）個人間比較不可能な効用（もしくは選好）による経済学の構築を後押しし，当時LSEの同僚であったヒックスによって数年の後に現在のミクロ経済学の基礎が完成する．一方で，ピグーが確立したばかりの厚生経済学は，序数的効用に基づくものへ刷新を余儀なくされた．その一歩が踏み出されたのも，ヒックス，そして，LSEの同僚であったカルドアによってであった．彼らはパレート原理（全員の効用が増加することを善しとする）と仮説的な移転に基づく仮説的補償原理と呼ばれる評価基準を提示した．しかし，彼らの仮説的補償原理は論理的矛盾を内包することが後に明らかとなり，厚生経済学はアローを経て社会的選択理論と結びつきながら現在に至る新たな道を辿ることになる．

著作の現代的意義

　本著作の現代的意義として，まずロビンズの経済学の定義について考えたい．ロビンズの希少性定義は問題の構造を捉えた概念のため，経済学以外の社会科学の他分野にも少なくとも部分的には適用できてしまう．この広範さを持つ定義が適切か否かには議論の余地があるが，経済学の分析手法が他の社会科学分野に適用できることを示唆するのはこの定義の利点である．実際，法や政治に経済学の手法を適用し，人々の合理的選択の結果として法の帰結や政治現象を説明する研究が最近広がりをみせている．こうした広がりを背景に，同書は社会科学において科学的な分析と規範的分析の区別を論じた古典としての価値が生まれているだろう．目的と手段の位置づけや，希少性概念の相対性の含意，さらには科学的な分析と規範的分析の区別など，ロビンズの議論を他の社会科学分野で批判的検討も含めて再論する価値は十分にある．

　次に，ロビンズが科学であることを強調した経済学について，それが与えるべき科学的な説明について考えたい．ロビンズは科学としての経済学について，仮定からの演繹を強調し，仮定の妥当性は経験的事実から明白とするだけで，科学的な説明が何かについてそれ以上の言及はない．仮定からの演繹のみに拠ってたつこの方法論はかなり乱暴である．経済学が与えるべき科学的な説明は何かという方法論の問題は簡単に答えが出ない大きな問題ではあるが，経済学の理論研究が演繹だけでなく，観察データと理論の整合性を確認する方法の構築に努力してきたことは忘れてはいけない．同書の約30年後には，観察される価格と消費のデータが効用最大化で描かれる消費者選択モデルと整合的かどうか確認する方法が明らかにされ，最近では寡占市場のクールノーモデルでも観察データと整合性を確認する方法が明らかにされている．ロビンズが投じた科学としての経済学を発展させる1つの道として，こうした研究の蓄積が求められるだろう．

最後に,実践の位置づけが経済学の発展にもたらす影響について考えたい.経済学の歴史を振り返れば,古典派経済学の誕生・深化も,後にイギリスで起きるケインズ革命も,現実の社会問題への有用性を志向することで経済学に発展をもたらした.こうした発展が存在した事実に照らせば,ロビンズが科学としての経済学から区別した実践を,経済学者が自分の中にどう位置づけるかは重要な問題であろう.実践を区別するだけでなく自分の関心から放逐するならば,経済学の発展の芽が摘み取られてしまうのかもしれない.

読 書 案 内

- ケン・ビンモア（2015）『正義のゲーム理論的基礎』栗林寛幸訳,NTT出版.
　効用の個人間比較や規範的評価について,ゲーム理論の考え方を用いて進化によって形成されうることを平易に説明している.
- ライオネル・ロビンズ（1964）『古典経済学の経済政策理論』市川泰治郎訳,東洋経済新報社.
　ロビンズがイギリス古典派経済学を概観した講義録であり,ロビンズが古典派経済学者の政策理論をまったく軽視していないことを窺い知れる.
- アマルティア・セン（2002）『経済学の再生――道徳哲学への回帰』徳永澄憲・松本保美・青山治城訳,麗澤大学出版会.
　人間行動の動機づけは倫理と無関係ではなく,人間行動を説明する経済学と倫理学とに溝を見いだして区別するのではなく,むしろ関連させる必要があることを論じている.

II-4

J. M. ケインズ『雇用・利子および貨幣の一般理論』

社会的正義感と緻密な論理による近代経済学の巨峰

大瀧雅之 OTAKI Masayuki

マクロ一般均衡理論の金字塔

　この書『雇用・利子および貨幣の一般理論』（以下，『一般理論』）は，Book I から Book VI までの6部構成で計24章となっているが，論理構成は以下に述べるようにきわめて明快である．消費関数・投資関数の理論に関して一応の決着をみた現代のマクロ経済学の目からみれば，『一般理論』の本質は，その概要をきわめて濃縮したかたちで提示したBook I（第1章～第3章）とケインズ経済学における賃金・価格理論であるBook V（第19章～第21章），および『一般理論』が書かれた哲学的背景およびケインズの先駆者への思いをエッセイ風に綴ったBook VI（第22章～第24章）の3つのパートと試論的な色彩が強いが貨幣経済の性質を扶ったBook IV の第12章，第17章である．これらは，個別にとし

ジョン・メイナード・ケインズ
『雇用，利子および貨幣の一般理論』上・下
間宮陽介訳，岩波文庫，2008
Keynes, J. M.（1973 [1936]）. *The General Theory of Employment, Interest and Money*. The Collected Writings of John Maynard Keynes VII. London: Macmillan.

てだけではなく体系として，現在なおミクロ的基礎を持つマクロ一般均衡理論の金字塔として屹立している．

これらのパートに挟まれる Book II（第4章～第7章），Book III（第8章～第10章），Book IV（第11章，第13章～16章，第18章）は，それぞれ国民経済計算（これは現代風の表現である．SNA 統計（国民経済計算）の考え方はこの当時無論存在しなかった．後に見るようにマクロでの投資・貯蓄の均等自体が，当時は大問題であったことに留意されたい）と集計化と期待に関する議論（Book II），消費関数と乗数に関する理論（Book III），投資関数と流動性選好理論および Book I から Book IV の総括（Book IV）であり，実はこれらは Book I で提示されたケインズ理論を構成する「部品」の詳細な解説である．これらのパートは部分的に矛盾を含みながらも，それぞれ深い考察に裏づけられており，その流麗な文章とともに，現在の研究者にとっても必読な部分があることは否定できない（特に第12章・第17章）．

だが後に解説するように，Book I と Book V を忠実に解釈すれば，価格・賃金をアドホックに硬直的なものとするヒックス=サミュエルソン流の解釈および労働供給側のインセンティブを無視するモディリアーニ流の旧解釈は誤りであり，ケインズが名目賃金の固定性を仮定せず，非自発的失業の存在を証明しえたことは疑う余地がない[1]．その重みと斬新さと比べれば，中間の Book II，Book III の2つのパートはミクロ経済学的基礎を重視する現在のマクロ経済学からすると，やや色褪せてみえる．

---

1) ヒックス=サミュエルソン流の解釈は，財の価格や名目賃金を需給とは無関係に固定されたものとして，ケインズ経済学を捉えたものである．したがって，財や労働の需給の調整は数量のみによって調整されることになる．旧社会主義とは異なり，価格・賃金に原則的には何の統制もない市場経済でこのような想定を施すことは，明らかに非現実的である．モディリアーニは，これを改良して財の価格が需給に応じて変化しうるモデルを提示したが，名目賃金の固定性が理論の帰結に決定的な影響を与えていることは否定しえない．なおいわゆる，現代の「ニューケインジアン」も装いは凝らしているが，理論の性質を規定するのは価格の硬直性であって，これらの旧理論と何ら変わるところがない．

なおこれは好事家向きの話であるが，同書の「まえがき」をみれば明らかなように，英語圏以外で『一般理論』が出版されたのは，英語版にはわずかに遅れるが，同年の1936年のドイツが最初であり，ついで同年に日本でも刊行されている．フランス語版が出たのは遅れること3年の1939年である．当時ナチズムと軍国主義に国を壟断されていた両国での出版が先んじたことには，何か深い意図があるのだろうか．史家ならぬ筆者も大いに興味をそそられる．

　関連して，著しく難解であったはずのケインズ理論の縮約を冒頭に登場させ，これを補完するパートが後に続くという，晦渋さが増す危険をなぜケインズは冒したのだろうか．これも謎である．私見だが，この2つの事実はケインズが，危機の源である世界的な大量失業が総需要の不足に由来することを，遍くかつ迅速に職業的経済学者に知らしめたかったことを示唆していると考える．事実「まえがき」には，「一般理論を理解してもらいたいのは，まず自分と近しいエコノミストたちであって，一般市民ではない」と規定している．

　そして経済学者の声を通じて，何とか大戦を回避したいとの祈るような気持ちがあったのではなかろうか．第一次世界大戦の戦後処理さえ苦闘のさなかにある折に，さらなる戦となれば，イギリスのみならず文明自身が累卵の危機に瀕することは，ケインズには自明であったろう．

　なお本章では紙幅の関係上 Book I についてのみその梗概を記す．

「非自発的失業」の概念規定

　Book I は上述したように，『一般理論』の核心部である．
　第1章は「一般理論（General Theory）」と銘打たれたわずか1頁の章であるが，ケインズ自らが強調しているように，「一般（general）」という言葉が冠せられているところに，彼の自信のほどがうかがわれる．つまり後に詳しく見ていくように，ケインズ理論の骨子は，

① 設備投資と貯蓄が異なった経済主体により異なった意図でなされ，恒等的に等しくなるわけではないこと．つまり新古典派の想定する孤島に住むロビンソン・クルーソーのように，消費しないで余った穀物（貯蓄）がそのまま来年播種される（投資）わけではないこと（有効需要の原理）．
② 雇用者は彼の労働の限界不効用が実質賃金と厳密に等しくなるように，労働の供給量を決めているわけではなく，それ以上の賃金ならいつでも進んで働く用意があるという考えを理論に明示的に取り込んだこと（古典派の第二公準の放棄）．

にある．これによって新古典派を特殊ケースとして含む，より広いマクロ理論の構築に，彼は成功したのである．

第2章「古典派の公準 (Postulate of the Classical Theory)」は，第19章および第21章とともに，ケインズ経済学の価格理論を理解するうえできわめて重要な章であり，第3章と並んで第1章でケインズが自らの理論を高らかに「一般理論」と銘打った裏づけがなされている．すなわちこの章の最も大きな特徴は，「労働供給量は労働の限界不効用と実質賃金の等しいところに定まる」という古典派の第二公準を棄却して，ケインズが自らの理論を構築することを宣言し，その論拠を提示したところにある．

ここで問題となるのが従来のケインズ解釈である．ケインズは，労働者が自分と他の名目賃金格差 (relative reduction) が変化することにこだわるのであって，貨幣の購買力の変化によって一律に実質賃金が低下することに反対することはありえないと主張している．反ケインズ派は，これに依存したヒックス＝サミュエルソンらの旧来のケインズ解釈を，労働者の貨幣錯覚を前提としているという点で限界があると厳しく批判している．だが原典を忠実に読むとき，はたしてこの解釈は正しいのだ

ろうか.それがここでの問題である.
　決め手となるのが,上述の文章に続く次の文章である.

　　このように労働者が,無意識にせよ,古典派の経済学者より経済合理的であるのは幸いなことである.つまりそれは,既存の雇用量のもとで,実質賃金が労働の限界不効用をたとえ上回っていたとしても,名目賃金（それが経済全体に影響を与える要因になることは稀有なのだが）の切り下げに反対するという意味においてである.すなわち労働者は,相対賃金を一定としたもとで雇用の増加に伴って実質賃金が低下することには,既存の雇用から生ずる限界不効用を下回る恐れがない限りにおいて,反対しないのである.（Keynes, 2011, p. 14. 傍点引用者）

さらに,次の記述がある.

　　しかし第二公準を捨て去ると,雇用の減少によって,確かに同時に解雇を免れた労働者が彼らの要求以上の賃金財を獲得することになるが,だからといって彼らが解雇を防ぐために賃金カットに応じようとしても,それは何の解決にもならない.（前掲書,p. 18）

つまりケインズの主張は,次の二点に集約される.

① 実質賃金は,与えられた雇用水準のもとでは,第二公準（完全競争下での効用最大化から導出される右上がりの労働供給曲線）より高い水準で決定されている.
② したがって実質賃金が切り下げられたとしても,労働の供給量には変化がなく,需要側の事情により雇用量は左右される.なおここで言う需要側の事情とは,第一公準（利潤最大化から導かれる実質賃金

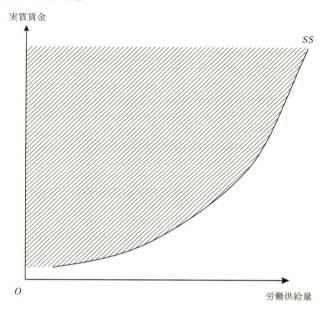

図1 労働の供給

に関して右下がりの労働需要曲線）を指す．

　従来広く流布した旧解釈に代え，以上のような解釈を施さない限り，上の2つの文章は理論的に解釈しようがない．つまり図1の斜線部に見られるように，労働の供給曲線 SS の上方の領域全体が，労働供給可能集合であるということになる．つまり斜線部は，実質賃金を所与として予算制約下で最大化した労働供給量よりも，より少ない労働供給で（より短い労働時間で）同じ賃金を得られるわけであるから，第二公準を満たす実質賃金と労働供給の組み合わせより，高い効用が得られる．したがって，これらの条件のもとでは，労働者には進んで働く意思が存在するのである．

　言い換えれば，斜線部の内点で労働市場の均衡が達成されるとき，随伴した失業はすべて「非自発的失業（involuntary unemployment）」なので

ある．すなわち同章で，有名な「非自発的失業」の概念規定をなすために，これだけの理論的準備が存在することを深く認識すべきである．なおいささかペダンティックになるが，この場合，労働供給のスケジュールは，「関数（function）」ではなく「対応（correspondence）」となると表現できる．

有効需要の原理

　ではいったい，労働市場の均衡は何処に定まるのだろうか．これが次章すなわち同書の核心である第3章で展開される．その準備として第2章では，ミルやマーシャルの古典が批判の対象となり，貯蓄主体と投資主体の区別の重要性が説かれる（ミルの議論はマーシャルのそれから比べて，著しく稚拙である．彼の議論は貯蓄が存在するだけで崩壊してしまう）．そしてこれらのセイ法則に対する批判は第3章で一度結実し，ともすれば現代的視点からは晦渋である Book II を経て，Book III, Book IV でふたたび徹底的に分析される．

　第3章「有効需要の原理（The Principle of Effective Demand）」は，第2章を受けた本書の核心部である．同章はマクロ集計生産関数から導出される総供給価格（aggregate supply price）$Z = \phi(N)$ と総需要関数 $D = f(N)$ の定義と解説から始まる．ここで N は雇用量で，Z, D はそれぞれ N に対応した総生産額と総売上額である．留意すべきは総需要 D が可処分所得ではなく，雇用量 N の増加関数になっていることである．これは第4章で議論されることだが，財と労働の異質性に関係した集計問題をケインズが強く意識していたことのあらわれである．

　さてこれら2つの概念と古典派の第一公準・第二公準を前提として，まず古典派の体系が解説される．ケインズによれば，セイ法則は「供給が需要を生み出す（Supply creates its own Demand）」という一語に帰すから，言い換えれば貯蓄主体と投資主体は同一であることを意味するか

ら，総需要関数は恒等的に総供給関数と等しくなり，

$$Z = \phi(N) \equiv f(N) \qquad (1)$$

が成立する．(1)と第一公準・第二公準を1つに表したものが，図2である．つまり労働の需要 $L^D L^D$ と供給 $L^S L^S$ を一致させるように，雇用量・実質賃金が決定され（点E），それに対応して総供給関数から，産出量が決定されるのである（点E_1）．こうした状態では，労働者は実質賃金を睨みながら，自らの意思で労働供給量を決めているわけであるから，それが労働者全体で供給できる最大限に達していなくとも，失業はすべて「自発的失業」である．したがって失業は経済問題となりえないと，ケインズは主張する．

図2　新古典派の均衡

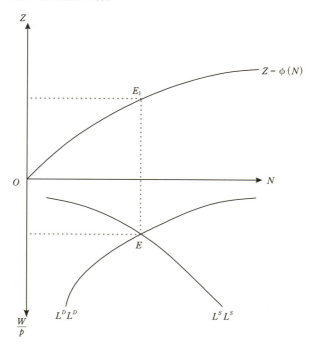

だが当時彼が直面した問題は，こうしたいわば能天気な失業ではなく，現行名目賃金で働こうにも働けない大量の「非自発的失業」であり，その醸し出す絶望的な不安感が，母国イギリスだけでなく世界経済の緊張を極限まで高めつつあったのである．そうした未曽有の危機の中，次に述べる有効需要の原理によって，その原因が突き止められたのである．その感動をケインズは次のように綴っている．

> しかしながら，もしこれ（新古典派経済学のセイ法則——筆者注）が総需要・供給関数に関する真の法則でないとするならば，経済理論には未だ草せざる決定的に重要な一章が存在する．そしてそれ抜きには総雇用量に関する一切の議論は意義を失うであろう．（前掲書，p. 26）

さて有効需要の原理は総需要関数 f を，消費性向（消費関数）$\chi(N)$ と設備投資需要 D_2 に分割する．すなわち，

$$D \equiv f(N) \equiv \chi(N) + D_2 \qquad (2)$$

である．ここで限界消費性向 $\chi'(N)$ は，

$$0 < \chi'(N) < \phi'(N) \qquad (3)$$

をみたすと考える．つまり消費需要の裏側である貯蓄は，雇用水準が上昇し経済が豊かになるほど多額となり，そのはけ口となる設備投資需要 D_2 が歩を合わせて増大しない限り，経済は早晩不況に見舞われることになる．

これを数式で表せば，均衡雇用量 N^* について，財の需給がバランスするのは総需要と総供給が一致する

$$\phi(N^*) = \chi(N^*) + D_2 \qquad (4)$$

に定まる．ケインズはこの時の均衡総需要額 $\chi(N^*) + D_2$ を，「有効需要

(effective demand)」と命名した．

さてケインズ経済学の価格理論の白眉は，これからである．財市場と労働市場の均衡を同時に描いたものが，図3である．第一象限には総需要・総供給関数が描かれている．この交点E_1^Kに有効需要と均衡雇用量が定まる．第四象限には，限界生産力と実質賃金$\frac{W}{p}$の均等から導かれる労働需要曲線$L^D L^D$（第一公準）と労働の限界不効用と実質賃金の均等から導出される第二公準$L^S L^S$が描かれている．先ほどの議論から明らかなように，この曲線の下方領域であれば，雇用される労働者には何ら不満がない．言い換えれば，点E_4^Kのような$L^D L^D$線上の点に実質賃金が定まれば，労使双方にとってこの実質賃金・雇用量体系から離れるインセンティブが存在しないという意味で，これがケインズ理論における労働市場の均衡である．

すなわちヒックス＝サミュエルソンおよびモディリアーニらの旧解釈は，労働供給のインセンティブをまったく無視しているが，原典である『一般理論』では，第二公準から導出される労働の供給曲線を「底」とする言わば「労働供給可能性集合」を定義することで，労働供給のインセンティブを表現しきれているのである．

もちろん，失業者（線分$E_4^K E_4^S$だけの失業者）は，この均衡実質賃金のもとで働きたいと考えているから，失業はすべて非自発的なものである．さらにケインズが繰り返し主張するように，かりに名目賃金Wを外生変数と見なして，これを切り下げても，物価水準pが比例的に低下することで，均衡実質賃金$\left(\frac{W}{p}\right)^*$は不変に保たれるから，雇用量・産出量を改善することはできない．つまり発生している非自発的失業を解消するには，(4)の総需要曲線のうち，設備投資需要D_2が増加するしか術がない．この意味で，ケインズ理論は「需要が供給を喚起する理論」なのである．つまりケインズ理論は名目賃金の固定性を前提として，言い換えれば，労働者の貨幣錯覚を前提として初めて成り立つものであるという通俗的理解は，致命的な誤読ないしは知的怠慢に基づいていること

図3 ケインズ派の均衡

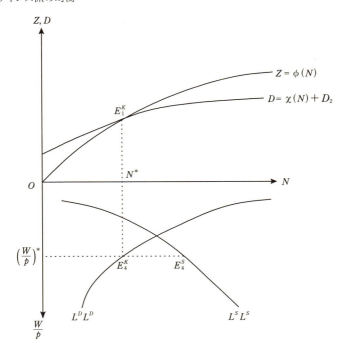

を，ここに強調しておきたい．

そのうえで同章最終節にある，ケインズの次の血の出るような思いを感得して戴きたい．『一般理論』はこうした熱い社会的正義感と緻密な論理によって構成された，近代経済学の巨峰なのである．すなわち，

> 進歩の名の下には，多くの社会的不正義そして隠し覆せないほどの残虐が不可避であり，それを正そうとすることは善ではなく害であると証明できることを，（新古典派の学者たちは――筆者注）権力の座にあるものに進言した．そしてそれは，権力の陰に蠢動する社会の支配層を魅了した．個々の資本家が何の枷もなく行動することを正当化する手段を与えてくれたからである．（前掲書，p. 33）

まるで新自由主義が吹き荒れる現代日本の世情を見るようではないか．

新しいマクロ理論開拓のために

　冒頭で紹介したように，この名著は一見複雑な構成を取っており，初学者が読み切るのには，「根性」がいる．読者の参考のために，簡単に同書を巡る私的体験を記しておこう．筆者も学部生時代に同書を翻訳で初めて読んだが，最初はまったく理解できなかった．特に核心部分であるBook I は何が議論されているのかまったくわからなかった．いわゆるマクロ経済学の教科書に出てくるお決まりのIS／LM 分析に凝り固まった頭では，到底理解できる性質のものではないからである．Book I を理解するには，正確なミクロ経済学の知識が必要であり，当時の筆者にはそれが欠けていたのである．

　しかし「根性」あるいは「見栄を張った読書」は青春期の自己形成には欠かせない要素である．わかったふりをして大言壮語し，後からその裏づけをとるために必死で勉強する，「格好悪い」ことに思えるかもしれない．だが，そうした「背伸びした読書」こそ青春期の特権であり，またそれを嗤うものは「畢竟，人生に対する路傍の人に過ぎない」（芥川龍之介『芋粥』）のである．こういった学問への一途な思いが，今の学生諸君には大いに欠けている気がしてならない．

　さて同書の現代的意義であるが，特にBook I の諸章，Book IV の所有と経営の分離の市場経済への影響をスケッチした謎めいた第12章および流動性の本質を「確信（confidence）」の度合いと喝破した第17章，それと関連したケインズ経済学の価格理論であるBook V の第19章，第21章，およびBook IV のケインズの自らの理論への思いを淡々と語った第23章，第24章は，これから新しいマクロ理論を開拓しようという若い研究者には技術的にも必読であり，同時に，一般向けの経済学とは一線を画して道を切り開こうという勇気を授けてくれるであろう．

なおケインズが第 12 章で呻吟していたように，貯蓄と投資の意思決定主体が異なることを理論に取り込むことは，読者が想像するほど容易ではない．単に貯蓄関数の他に投資関数を導入すれば済むわけではない．かりに投資主体である企業が貯蓄主体である株主利益の最大化を目標に動いているとするなら，企業家は所詮株主の代理人であり，設備投資は株主のための代理貯蓄にしか過ぎないのである．この場合は貯蓄がつねに投資と等しくなること（セイ法則が成立すること）を容易に証明できる．したがって Uzawa（1969）が投資関数の導出に成功したことが，貯蓄主体と投資主体の意思決定の分離に成功したことを意味するわけではない（Uzawa, 1969）．

投資と貯蓄の意思決定の間に何らかの「くさび」が打ち込まれないと，この問題は解決できないのである．その 1 つとして貨幣での貯蓄を理論に導入することが考えられる．つまり貨幣は将来のための価値保蔵手段である．と同時に，現時点では取引決済のための媒体であるから，ある時点を取れば，経済取引の結果として，誰かが必ず価値保蔵手段として貨幣を持っており，経済全体では設備投資額 i に加えて貨幣供給量（実質）m に等しいだけの貯蓄 s が形成されているはずである．まとめると，

$$s = i + m \tag{5}$$

を満足するような貯蓄をもたらすだけの所得が形成されねばならないというのが，Otaki（2016）の第 9 章の考え方である．このように経済に明示的に貨幣を導入することで，貯蓄投資の意思決定を分離できる．まさにケインズ理論は，貨幣経済の理論である．

ところでこれは一貫したケインズの姿勢であるが，理論のための理論に対する忌避・嫌悪にはきわめて厳しいものがある．時の権力に阿諛することへの怒り，また机上の空論を弄ぶ不道徳への軽蔑，そして誠実に悩める現実経済への論理的で明快な処方を与えようとする責任感，これ

らはすべて，今のマクロの研究者にいささか希薄ではなかろうか．ぜひ同書からこれらのことを読み取っていただきたい．

かつてミルトン・フリードマンは「われわれはみなケインジアンである」との痛烈な皮肉を遺したが，まったく逆の意味の皮肉で，現在の経済学の主流を「われわれは誰もケインジアンではない」と断言してもよかろう．またロバート・ルーカスは「ケインズは死んだ」と宣言したが，これもまったく反対の意味で正鵠を得ているのである．ケインズ経済学を学ぶということは，日本の研究者にありがちな「正確な」ケインズ解釈をせよということではない．経済学は茶道や華道ではない．その哲学や理論的概念から，21世紀前半の困難な時代の境目に生きるわれわれの新たな道標となる理論を開拓しようとすることなのである．

最後に「一般理論」の掉尾を読者のために紹介しておこう．

> 既得権益の存在は，思想の徐々たる浸透に比し強調され過ぎている．経済・政治哲学の分野において25から30を過ぎた者で新しい思想の影響を受けるものは決して多くはない．そうしたわけで，官僚・政治家あるいは煽動家さえも現実を理解するツールは最新のものではない．しかし，良きにつけ悪しきにつけ，早晩問題となるのは既得権益ではなく，思想である．（Keynes, 2011, pp. 383-384）

参考文献

Uzawa, H.（1969）. Time Preference and Penrose Effect in a Two-class of Economic Growth. *Journal of Political Economy*, 77（4-2）, 628-652.

『一般理論』の他の部分に関する解説は，Otaki, M.（2016）. *Keynes's General Theory Reconsidered in the Context of the Japanese Economy*. Springerを参照されたい．

謝辞：本研究は科研費JSPS 17K03618の助成を受けたものです．

読書案内

- Kahn, R. F.（1931）. The relation of home investment to unemployment. *Economic Journal,* 41(162), 173–198.

    乗数理論はカーンのこの論文に始まった．内容は大学学部生でも十分理解できるものである．財政支出の雇用創出能力を定式化した理論によって推計しているが，数字の根拠が明示されており，かつ因果関係が明確なので，説得的である．最近のごった煮ともいうべきカリブレーションに辟易している向きには，ちょっとした涼風である．なおカーンの雇用乗数とケインズの財政乗数の理論的関係は，Otaki（2016）を参照されたい．

- エドマンド・バーク（2000）『フランス革命の省察』中野好之訳，岩波書店．

    ケインズの自己形成に大きな影響を与えた書である．反動主義との故なき批判もあるが，革命の本質が内戦であることを喝破したのは，さすがリベラリストのバークである．ケインズとバークには一国の安寧という結節点がある．

- エリザベス・S. ジョンソン，ハリー・G. ジョンソン（1982）『ケインズの影――ケンブリッジの世界と経済学』日本経済新聞出版社．

    ケインズには数多の伝記がある．モグリッジの手による *Maynard Keynes: An Economist's Biography*（Rougledge, 1992）は読みごたえがあるが，邦訳がなく英文でほぼ1000頁あり，研究者以外の方には無理がある．そこでここでは，手に入りにくくなっているが，ジョンソン夫妻による批判的立場から描いたケインズ像をお薦めする．ハリー・ジョンソン教授は貿易論の専門家であったがやがてマネタリストへと転向した人物である．エリザベス・ジョンソン夫人はモグリッジとともにケインズ全集の編集者を務めた人である．いかなる人物でも神格化は禁物であることを，この書は語っている．

II-5

R. F. カーン『ケインズ「一般理論」の形成』

『一般理論』の考え方を理解するための必読書

随 清遠 SUI Qing-yuan

『形成過程』のなりたち

　一個人が万人を相手に自分の状況を改善するための行動原理と，自らそのすべての経済行為の受け皿ともなる社会全体の行動原理とは，ロジックが異なっている．この点について最も明確なかたちで問題提起を行い，解決策を求め，またこれによって人々が真剣にマクロ経済政策を考えるきっかけをつくったのはケインズであった．

　カーンの『ケインズ「一般理論」の形成』（以下，この本は『一般理論』が誕生するまでのプロセスを主な内容としているので，以下『形成過程』と略す）は，文字通りケインズの代表作『雇用・利子および貨幣の一般理論』（以下『一般理論』）が書かれた背景について，解説したものである．『形成過程』の多くの部分が，幅広い文献や私信からの引用によって構成さ

リチャード・カーン
『ケインズ「一般理論」の形成』
浅野栄一，地主重美訳，岩波書店，2006
Kahn, R. F. (1984). *The Making of Keynes' General Theory*. Cambridge : Cambridge University Press.

れており，ケインズと学者生活を共にしていなければ書けないような内容が多く含まれている．『一般理論』に難解な部分が多いだけに，『形成過程』はケインズの考え方を理解するための必読書と言ってよい．

『形成過程』の議論は，ある意味で限定された範囲で行われている．大きいスケールの議論をしているわりには，冒頭の年表にマーシャル，ピグー，ケインズそしてロバートソンという4人の生誕と彼らの著作の紹介しか行われていない．おそらくこれは，知っていることしか語らないという著者の学風を反映したものであろう．

1978年6月に73歳の高齢になったカーンはイタリアのルイジ・ボッコーニ大学で6回の講義を行った．『形成過程』は，その講義内容に基づいて編集されたものであり，ケインズ生誕100周年の翌年1984年に出版された．カーンが生涯における最後の大仕事という意気込みをもってのぞんだのではないか，と想像する．

序文にカーンは次のように本の狙いを表現した．「私は講義において，一部ケインズの教えをひどく誤解したことによって生じた世の中の経済運営における混乱にも注目した」(Kahn, 1984, p. xvii)．

本著作の由来を反映して，『形成過程』は「章」ではなく，「講」で構成されている．前記の年表以外に，招聘側の短い紹介，カーンによる序文があり，巻末には，「討論」，「カーンからの回答」およびカーンに関する短い伝記が加えられている．「討論」は，講義後ルイジ・ボッコーニ大学で開かれたセミナーの記録であり，「カーンからの回答」は，即答記録ではなく，討論会の後，カーンがまとめたものである．そこで，カーンは若い経済学者からの鋭い質問に真剣に答えていた．

本章では，まず『形成過程』の内容を筆者の理解を加えながら紹介する．最後に，この著作から日本経済への応用について筆者の見解を述べる．なお，引用文の頁番号は，他の著作からのものでも，『形成過程』に出現した箇所で表記する．また，引用の出典は英語版の原書に基づく．

経済学説史の観点から(第一講)

　言うまでもなく，いわゆるケインズ革命の最も重要な部分は，短期における非自発的失業の解消に対する需要の役割である．講義の最初に取り上げられたのは，この点に関するケインズ以前の経済学者の考え方である．具体的には，スミス，マルサス，リカード，ミル，マーシャル，ロバートソンとスラッファなどが取り上げられた．ロバートソンとスラッファはいずれもケインズより年下であり，正確にはケインズ以前ではなく，『一般理論』が書かれるまでの経済学者の考え方である．

　いわゆるセーの法則，あるいはそれと同等の主張が多くの古典派経済学者に強調されていたのに対して，有効需要の原理と関連するケインズ以前の経済学者の存在はあまり知られていない．マルサスの次の表現が紹介されている．「正しいのは中間のどこかであろう．経済学の知識を使ってそれを確かめることができないかもしれないが，生産力と消費意欲の双方を考慮に入れることによって富増大の促進が最大になる」(前掲書, p. 5)．しかし，マルサスは需要低迷の深刻さや問題解決の策については，ほとんど触れなかったようである．

　マーシャルも自分の著作に「人々が購買する力を持つが，それを使おうとしないかもしれない」(前掲書, p. 12)と書いた．さらにマーシャルが人々の購買意欲の減退の原因を分析し，生産部門間の連鎖反応の可能性を指摘した．需要低迷についてマルサスより深刻に問題をとらえていたが，解決策を考えておらず，人々の信念 (confidence) の回復を待つしかないとされた．景気回復における信念の重要性は，マーシャルだけでなく，ミルにも指摘されている．アニマル・スピリッツに関するケインズの議論は有名であるが，それと類似した概念はケインズ以前の経済学者にも指摘されていたことが興味深い．

　有効需要の理論的背景を探求するために，ここまでさかのぼって議論するものが少ない．そういう意味でカーンの紹介は経済学説史的にも参

考になるところが多い．

貨幣数量説との苦闘（第二講）

　貨幣数量説に対しては，ケインズが1923年の著作『貨幣改革論』において「熱烈な数量説の信奉者」（前掲書，p. 53）であるが，1930年の著作『貨幣論』においては，「数量説に対する妥協を試みながら，成功しなかった」（p. 57）とカーンが指摘した．ところが，『一般理論』において，「ケインズが〔数量説との〕決別のための長い戦いに勝利した」（前掲書，p. 59）．セーの法則を検討した後，第二講で数量説を取り上げるのは，理にかなっている．

　現代のマクロ経済学の教科書では，貨幣数量説がケンブリッジ方程式とフィッシャー交換式のかたちで紹介され，通常両者には本質的違いはないと説明される．しかし，カーンの議論では，「ケンブリッジ恒等式は計算上イェール恒等式に変換できても，その基礎となるコンセプトがまったく異なっている」（前掲書，p. 28）と主張している．カーンは，フィッシャーの方程式のロジックを「自明の理（truism）」，ケンブリッジ方程式の議論を「妄想（delusion）」と片づけた（前掲書，p. 34）．

　フィッシャーの交換式における自明の理を示すために，カーンはできるだけの調和をはかっていた．すなわち，貨幣について，活動貨幣と不活動貨幣を区別したうえ，財の交換に登場するのは，活動貨幣のみであるとされた．

　活動貨幣と不活動貨幣を概念上区別することによって，活動貨幣と物価水準との比例関係が保たれる．そこで貨幣総量として定義された流通速度が不安定にみえても，それを活動貨幣と不活動貨幣の比率の違いに帰することができる．まるでYとXとの関係が不安定だというなら，「Yの中からXと関係の薄い部分を除去したら，YとXとの関係を修復できる」と言っているようなものである．しかし，このような操作は経

済の現実を理解するために何の意味を持つのか．この点を強調して，カーンが「自明の理」としたように思われる．

ケンブリッジ方程式に関しては，貨幣と対応するのは，交換の媒体ではなく，資産選択の一部として強調した．しかし，それでは，これが資産選択理論で解決されるべき問題となり，貨幣量と物価水準との関連を解明する作業は不可能になってしまう．そこでカーンは数量説に関するケンブリッジ方程式風の表現を「妄想」と名づけた．しかし，カーンが，ケンブリッジ方程式におけるこの指数問題（index-number problem）が軽視された状況を嘆いていることをみると，やはり数量説に未練が残っているように思われる．

ロバートソンの数量説に関する他の学者の見方の紹介は興味深い．ロバートソンは1922年の著作にすでに数量説を主張することの意義を強烈に否定した．「このつまらない自明の理は時々「貨幣数量説」と称され，一方において大発見級のものとして推奨され，他方において毒を放つ偽物として非難される」（前掲書，p. 47）．さらに，数量説がこれほど広く議論される理由として，次のように片づけた．「長期間にわたる人たちの論争が現代の学者に選択の余地をほとんど与えていない」（前掲書，p. 47）．

ロバートソンの表現に今でも痛快さを覚える人が少なくない．ところが，カーンは1928年以降の著作において，ロバートソンの過激な態度がトーンダウンしたこと，またその変化には1923年に出版されたケインズの『貨幣改革論』の影響があったことを指摘した．しかし，『貨幣改革論』においてケインズはまだ数量説の熱烈な信奉者であり，「数量説との決別に勝利した」のはずっと後のことであった．ロバートソンの変化は，理論認識の進歩なのかそれとも後退なのかまでは評価されていない．これはおそらく，上に述べた数量説へのカーンの未練と関係するであろう．

近年の日本経済との関連で考えると，過去20年間において，M2対

GDP比は，105%から180%に上昇をしてきたのに，インフレ率はずっと0近辺で動いている．貨幣量と物価水準との安定した比例関係が明らかに成立しない．しかし，活動貨幣の考え方を採用すると，もともとある程度制御可能・計測可能な貨幣総量と物価水準との安定性を究明する数量説としては，その政策的重要性を失うのではないか．

現場の政策論議（第三講）

この講では，1930年に出版された『貨幣論』とこの前後の数年間，政府の経済諮問委員会などでケインズが行った政策現場での活動等について紹介している．

『貨幣論』は，『一般理論』の執筆活動を開始する前に出版されただけに，ケインズ思想の軌跡をたどる際，その検討は重要である．ロバートソンについて多くのページが割かれている．カーンはこれほど性格が異なる二人がいかにして長い期間にわたって協力しえたか，「なぞ(mystery)」（前掲書，p. 63）だとしている．次の文章は，ロバートソンの一著作に関するものではあるが，ロバートソンとケインズとの協力関係に関するカーンの評価を象徴しているように思われる．すなわち，「そのすべてが独創的である．しかし，『銀行政策と価格水準』に関するロバートソンの苦しい執筆活動とケインズの懸命な協力が，明快な考えにつながったと認めるのは難しい」（前掲書，p. 62）．また『貨幣論』の内容がヴィクセルに影響された可能性についてカーンが他の経済学者の議論を引用しながら，否定的な見解を示した．

ここでカーンが，利潤の定義などケインズの用語使いにおける混乱についても指摘した．古典的文献によくあることだが，独特の概念の使用法によって議論が難解になってしまう．後の講でカーンは，ヒックスのIS/LMモデルがケインズ議論の本質を逸らしたとして強く非難した．しかし，こういったモデルの導入は少なくとも概念の整理に役に立った

として評価してもよいのではないだろうか．

　カーンは，できるだけケインズが普通の人間と同じ姿をしていることを努めて読者に紹介した．特に興味深いのは，ケインズが他人を説得する際，優れた才能を持つ反面，経済諮問委員会のメンバーを務めたときの一時，相手への尋問内容を事前にもらしたりして，間抜けな一面をも持っていたことである．また，マクミラン委員会の証言録から，政府支出の必要性について，ケインズと政府代表であるホプキンスとの臨場感あふれるやりとりも紹介された．

　ケインズが貨幣数量説と決別したのは，『貨幣論』の出版から『一般理論』にかけての時期であるとすれば，この間に発生した世界的大不況がケインズの認識に大きな影響を与えたことが想像される．しかし，『形成過程』において，この部分に関する紹介は意外に少ない．『形成過程』においてはすべての証言や論評に出典が明記されており，これは憶測による記述を極力排除する厳格な学風を反映するものであろうが，読者としては，この点について欲求不満が残る．

弟子たちとの交流（第四講）

　乗数効果という概念は，ケインズがカーンの論文に触発されて『一般理論』に取り入れたのである．しかし，「乗数」そのものの名がケインズによって与えられており（前掲書，p. 95），またその効果が最終的に落ち着くまでの時間的経過の問題もケインズの示唆によって解決された（前掲書，p. 103）から，ケインズの助けがあってはじめて乗数理論が世に誕生したとも言える．

　それに続いて 1930〜1931 年のケンブリッジ大学での若手経済学者のセミナー「サーカス」の活動とケインズとのかかわりが紹介された．カーンがサーカスとケインズとの間の連絡役を務めた．ケインズの活動ぶりは次のように紹介された．「彼が，毎週毎週みんなが提起した問題

とその含意についてグループの代表としての私と議論した．ケインズを知らない人には，これが驚きであろう．彼は，彼の考えを全面的に議論したメモを提出するよう，われわれに気軽に求めることができた」（前掲書, p. 106）．この時期はちょうどケインズが『一般理論』を構想し始めた時期であり，サーカスのメンバーたちとの議論はケインズにも有益なものであったに違いない．

　『一般理論』の形成におけるカーンの役割は，『形成過程』において非常に謙虚に紹介されている．この点と関連して，第六講にシュンペーターのカーンの仕事に対する評価が紹介された．「この歴史的功績における（カーンの）貢献は共著者とそう違わない」（前掲書, p. 178）．しかし，カーンはシュンペーターの見解はほとんどケインズへの嫉妬心に由来したであろうと一蹴した（前掲書, p. 178）．

『一般理論』のエッセンス（第五講）

　有効需要をはじめ，流動性選好，賃金の下方硬直性，予備的動機など現代の一般学生が親しみをもつ多くの重要な概念は『一般理論』をそのふるさととしているだけでなく，ボーモル・モデル，効率賃金モデル，ルーカスの島モデル，トービンのq理論など，のちのいくつかの重要な理論分析も『一般理論』にその原型を求めることができる．カーンは，『一般理論』の第3章，第5章，第8～13章および第15章がこの著作のコア部分であると強調した（p. 123）．

　第五講の冒頭において，ケインズの言葉を引用しながら，『一般理論』は「慣習的思考と表現からの脱却」（前掲書, p. 119）に重点をおいたことを強調した．『一般理論』は，経済分析の新天地を切り開いた．しかし，ケインズが必ずしもこの新天地に必要なすべてのものを用意できたわけではない．カーンは，過度にケインズの論述を神聖化，マニュアル化することへの警告をかねて強調していた．また，景気低迷は成長率の鈍化

と連想されがちであるが，ケインズの分析の主題はあくまで「設備と労働供給の利用度」（前掲書，p. 123）であることも強調された．

貨幣賃金については，短期間における調整が難しいだけでなく，それが必ずしも望ましくないこと，また貨幣賃金は「硬直性（stickiness）」を持つが，ヒックスが主張したような「固定的（constant）」なものとして考える必要はないことなどが強調された．ヒックスの名は『形成過程』に数回登場しているが，すべてカーンが彼の主張を批判的ないし否定的な形で紹介している．

投資決定は，『一般理論』の主要な内容とされた（前掲書，p. 142）．この講でカーンは3つの小節を使ってこれを解説した．まず『一般理論』出版後のケインズの論文から，人々が不確実性に関する安定した確率分布を持つことへのケインズの否定的立場を確認した後，資本の限界効率性の計算において，無リスク利子率を想定したことについて，「ケインズの議論が循環論法に陥っている」（前掲書，p. 147）と指摘した．またこれを議論した第11章は，「『一般理論』の最も重要な内容であると同時に，最も混乱した章の1つだ」（前掲書，p. 145）と評した．

株式市場の役割に関しては，ほとんど『一般理論』からの直接引用で紹介されている．しかし，カーンはその内容を，実体経済と関係しない純粋な投機の場としての見方とアニマル・スピリッツを高める場としての立場を分けて対比させた．前者の立場としての美人投票論は非常に有名であるが，後者の立場はむしろ，異なる断片的情報を持つ個人的投資家が相互作用によって市場で株価情報を形成させることの積極的な意義を強調した．第11章と違って，第12章の議論においてケインズが「疾走する喜び」（前掲書，p. 150）を感じていたであろうとカーンはみていた．

「「浪費的な」公債支出でも，差し引きで考えると社会を豊かにすることができるだろう」（前掲書，pp. 158-159）という表現はしばしばケインズ政策に対する批判として引用される．カーンは，正面から弁護してい

ないが，ケインズの論争スタイルを強調した．「彼が人々を説得するために，燃えるような情熱で多くの過度の単純化を行った」（前掲書，p. 159）．そのために，「この説明は本を難しく感じ，いくつかの簡単な幾何学と代数で問題の本質を示すことができると信じている人たちに悪意を持って理解されるであろう．これは大きな悲劇である」（前掲書，p. 159）．

　カーンが説明した文脈に従えば，巷で「穴を掘ってそのまま埋めるような公共工事」が揶揄されるが，ケインズはこのような公共政策をけっして本心から支持していなかったであろう．言葉の綾にとらわれないでケインズ理論の本質を理解すべきだとカーンはアピールした．

学者同士の友情と論争（第六講）

　第六講では，ケインズの人間関係に関して議論している．経済学に興味がなくても，楽しめる内容である．各方面の人間との関係に共通しているのは，ケインズは自分の理論や自分の信念を貫くために，時々激しい議論を挑んだりしたが，実生活の中のケインズは非常に寛大で温和な一面を持ったことである．特にロバートソンとの関係で，前述したように，『一般理論』の執筆中に「時間を無駄にしていた」（前掲書，p. 117）一因になったようだが，ロバートソンとの親密な関係は，ケインズが亡くなる直前のブレトン・ウッズ会議まで続いていた．

　ケインズがハイエクの書評に対する返答の中に，現代の感覚で判断したら学者同士の議論にしては，あまりにも過激すぎる表現が含まれている．「これは，一人の情けのない論理学者が思い違いから出発してどうすれば精神病院にたどりつけるかを示す特異の例である」（前掲書，p. 182）．ハイエクがケインズについてどうみていたか，カーンは紹介していないが，ハイエクからケインズに対する尊敬がこれによって失われることがなかったことが，他の研究者によって確かめられている．

第六講の最後に，10頁以上の分量でケインズとピグーとの関係が紹介されている．ピグーはケインズより6歳年上のマーシャルの忠実な弟子であり，1905年頃，公務員試験の準備をするケインズに経済学の指導をしていた．またケインズがのちにケンブリッジで経済学の講師になったあと，ピグーが個人の収入からケインズに年100ポンドの給与を支払うことをマーシャルから引き継いで何年間も続けた．そういう意味で教師あるいは先輩としてピグーはケインズに申し分のない世話役を果たした．しかし，古典派経済学の考え方を重視するピグーは，最初はケインズの考え方に賛成できず，むしろ『一般理論』が出版された直後にそれに対して手厳しい批判を加えた．けれども，学問上の見解の違いは必ずしもこの二人の間の友情を破壊することはなかった．この点について，カーンは次のように表現した．「1930年代のケンブリッジで，実際はキング・カレッジで，生活していなかった人には，私がこの節で紹介したピグーとケインズとの二人の友好関係について非常に理解しがたいものであるに違いない．それぞれが異なる方法で相手のことを尊敬していた」（前掲書，p. 197）．

　友情があるからといって安易に学問上の妥協をしたりしない．学問上の妥協ができないからといって，友情を破壊したりしない．学問を職業にする人間にとって学ぶべき部分が多いのではないか．

バブル崩壊後の日本経済について

　過去100年におけるもっとも重要な経済学著作の形成過程を読み終わって，われわれは，自ら現実の経済問題を考えなければならない．ケインズの理論から，現在の日本経済に対して何が言えるのか．

　バブル崩壊後，「景気低迷」という言葉は過去20年間継続的に使われてきた．日本経済が直面している問題とケインズが戦っていた問題とはどこまで類似性があるのか．『一般理論』のタイトルからもわかるよ

うに，景気低迷に関してケインズが重視した部分は，雇用問題である．しかし，日本で問題とされている「景気低迷」は失業率よりも成長率の低さと結びついて議論されることが多い．GDP 成長率は確かに大きな回復が観察されていないが，完全失業率はこれまで最悪の水準でも，2002 年度の 5.4% にすぎない．しかし，需要喚起を内容とした政策を求める声はこの 20 年間，弱まることはなかった．

　景気低迷は，雇用状況の悪化とリンクする時に限ってケインズが問題視していた．もし雇用状況の悪化が成長率の低迷ほど深刻ではないなら，需要喚起を目的とした政策と異なる対応が必要となるかもしれない．

　バブルの発生と崩壊によって，需要面への影響とともに，供給面に与えた悪影響も大きいと思われる．そのもっとも顕著な例は，労働時間に関する政策である．バブルの発生とともに日本では，「時短政策」が推進され，助成金などの支援措置を盛り込んだ「労働時間の短縮に関する臨時措置法」が 1992 年施行された．長い歴史の中で，政府部門が平均的労働時間を短くするために法律を作り，積極的に対応した企業に補助金まで用意する，そのような政策はそれまで実施されたことがなかったのではないか．またバブル崩壊後，積極的にリスクを受け入れ，新しいことにチャレンジする経営者よりも，無難に現状維持を志向する経営者のほうが賞賛される傾向は以前より強くなった．バブルの発生と崩壊が，人々の勤労意欲，チャレンジング精神に与えた負の影響はきわめて大きいと思われる．

　中央銀行による国債の大量購入や日銀当座預金の一部へのマイナス金利適用など，近年「非伝統的」という政策が実施されるようになった．カーンの貨幣数量説の整理によれば，貨幣は活動貨幣と非活動貨幣にわけられる．もし「大胆な金融緩和」が非活動貨幣の拡大しか意味しないのであれば，このような政策には効果が望めない．他方，近年の日本企業は，設備投資が低迷する中，歴史的高水準の配当を実施し続けてき

た．経済に必要な「くすり」は，上記のような非伝統的金融政策からは，提供できないのではないか．

これらの問題に対処するために，常套手段的なケインズ政策をそのまま墨守するのではなく，ケインズが示した発想力で政策を構築すべきであろう．

読 書 案 内

- ニコラス・ワプショット（2012）『ケインズかハイエクか——資本主義を動かした世紀の対決』久保恵美子訳，新潮社．
- 酒井泰弘（2015）『ケインズ対フランク・ナイト——経済学の巨人は「不確実性」をどう捉えたのか』ミネルヴァ書房．

  この 2 冊はタイトルの通り，ケインズの思想や学説を同時代に生きていた他の経済学者と比較して論じるものである．ハイエクは 1930 年代にケインズと直接論戦を交わし，それ以降も貨幣機能や政府の役割などに関して一貫してケインズの考え方と異なる主張をし続けていた経済学者である．ナイトは，マクロ経済政策よりも，リスクや不確実性など今日の経済学にもっとも発展する余地の大きい分野においてケインズと共通点があった．また『ケインズかハイエクか』はもともと英語で書かれた書物であるのに対して，『ケインズ対フランク・ナイト』は日本に最初に不確実性やリスクの分析をもたらした日本の学者が日本語で書いたものである．多くの意味でカーンの議論と読み比べる価値が大きい．

- 吉川洋（2013）『デフレーション』日本経済新聞社．

  上の 2 冊と対照的に，正面からケインズを議論するものではなく，むしろ近年の日本の景気低迷や景気対策の理解に多くの知見を与えてくれるものである．言うまでもなく，需要喚起政策の可否についてもっとも重要な問題はデフレに関するものである．著者は必ずしも究

> 極的な解決案を示していないが，この問題に関する理論的整理やこれまでの代表的考え方に関する再検討をわかりやすく解説した．1990年代以降の日本の物価変動史に関する分析も興味深い．

II-6

A. P. ラーナー『調整の経済学——厚生経済学原理』

ケインズ経済学を拡張した機能的財政論

田村正興　TAMURA Masaoki

――完全雇用の維持を保証することが政府の義務であり，これを阻害するどんな「健全財政」の原則も全く正当化できない．(Lerner, 1970, p. 302)

ケインジアンとしてのラーナーの重要な貢献

　著者のアバ・ラーナーは1903年にロシアでユダヤ人家庭に生まれ，3歳でイギリスに移住し，その後ロンドン・スクール・オブ・エコノミクス（LSE）で教育を受けた．LSEに勤め始め，ケンブリッジに半年間滞在した際にジョン・メイナード・ケインズと出会い，ケインズ経済学を学び，ケインジアンとなった．『一般理論』出版と同年の1936年に，経済学者以外に向けた『一般理論』の解説（Lerner, 1936）を執筆しているように，「ケインズのインナー・サークル以外で『一般理論』の本質と重要性を理解した最初の経済学者は，おそらくラーナーであった」と

アバ・ラーナー
『統制の経済学——厚生経済学原理』
桜井一郎訳，文雅堂書店，1961
Lerner, A. P. (1970 [1944]). *The Economics of Control: Principles of Welfare Economics* (Reprint). New York: A. M. Kelly.

言われる (Scitovsky, 1984).

　1937年にアメリカに移住した後はさまざまな大学で教鞭をとり，マクロ経済学や国際経済学の研究を行った．経済計算論争においてオスカル・ランゲらと同じく社会主義経済に対して肯定的な立場を示しており，また自身のことを社会主義者と呼んでいたが，経済計算論争以降はこの本にもみられるように価格・所得分配に対する政府の介入やケインズ的政策を実行する市場経済体制を支持している．ラーナーが共感していたのは，生産手段の社会的所有をはじめとする社会主義の手段や政策ではなく，民主主義・資源配分の効率性・平等な所得分配など社会主義の理想や目標であると言えるだろう．

　現在でも知られるラーナーの研究内容として，市場の独占度を表すラーナー・インデックス，為替レートと貿易収支の関係を示すマーシャル・ラーナー条件やケインズ経済学の政策的含意である機能的財政の考え方などが挙げられる．特に本章の書き出しにも引用している機能的財政の考え方はケインズ経済学から得られる政策的含意を財政論にまで拡張したもので，ケインジアンとしてのラーナーの重要な貢献である．同書は1944年に出版されたラーナーの主著であり，本章では特にケインズ経済学の展開として，ラーナーの機能的財政論に焦点を合わせて同書を解説したい．

　同書はミクロ・マクロ両方の視点から経済理論を展開しているが，大きく3つの内容に分けることができる．

① 所得分配に関する分析
② ミクロ経済政策に関する分析
③ マクロ経済政策に関する分析

　副題の「厚生経済学原理 (Principles of Welfare Economics)」にも見られるとおり，理論や原理に重きを置いた著作であり，経済政策の提言とし

ても，具体的な政策についてというよりは，あるべき姿や方針について提言を行っている．ラーナーはあるべき経済形態について「調整経済（Controlled Economy）」という概念を提示しているが，これは自由放任的な資本主義経済でも集産主義経済でもなく，経済的自由主義の下で政府が必要に応じて調整を加えるという，両者の利点を取り入れた経済形態と言える．本著作には邦訳があり，書名の *The Economics of Control* は「統制の経済学」と翻訳されている．しかし，ラーナーは，Control という単語を，集産主義や規制とは異なり，市場メカニズムを活用し機能させるために，必要に応じて市場に介入する方法として提示しており，これを政府による「統制」と呼ぶのは意味がやや異なって理解される可能性があると評者は考える．そのため，以下では Control を「調整」，Controlled Economy を「調整経済」と記述する．

経済厚生を最大化する所得分配

　第1章では，本著作において中心的な概念である調整経済とはどのような位置づけの概念なのか，またどのような問題に対処するための概念なのかが述べられている．ラーナーは，資本主義と集産主義の両者の利点を取り入れたものが調整経済であると主張する．さらにこの調整経済について，ラーナーは以下のように述べている．「調整経済が対処すべき3つの主要な問題は雇用，独占および所得の分配である」（前掲書，p.3）．以後の章では，具体的な調整政策として，「機能的財政（functional finance）」，「対抗投機（counter speculation）」および「均等な所得分配」の3つが調整経済の主な経済政策およびラーナーの主な政策提言となるが，これらの政策はまさに雇用，独占および所得の分配という3つの問題に対処するためのものである．

　第3章では，所得分配について理論的に分析している．ここでは，どのような所得分配が社会全体の経済厚生を最大化するかという問題を考

えている．ピグーは，人々が財の消費から満足・効用を感じる能力（効用関数）が同一ならば，豊かな人はすでに多くを消費しており効用が飽和してきている（限界効用の逓減）ので貧しい人に所得移転した方が，経済全体での効用の合計は大きくなることを指摘した．すなわちすべての人が同じ所得を得る均等な所得分配が経済全体での効用を最大化するのである．これに対してラーナーは効用を得る能力が同一でなくても，それを人々が知らない（たとえば生まれる前の）事前的な状況であれば均等な所得分配が経済全体の効用を最大化することを証明することに成功している．つまり，ピグーほど強い仮定が無くても，依然として均等な所得分配が経済厚生上望ましいことを示したと言える．この議論は後にフリードマンによって批判されるものの，最終的にはセンによって肯定的に解決されている．均等な所得分配は本著作の3つの主な政策提言の1つであるが，以上の経済厚生にとって望ましいことに加えて，後述するように景気にとっても望ましいことが同書では示されている．

対抗投機という考え方

第4章から第20章までは，企業行動に関するミクロ経済理論を展開し，一方で非調整経済，つまり現実のアメリカ経済を念頭において，財の配分や所得の分配に関する状態がどのようにして歪められるのかを論じている．提示されている問題は，消費者の無知，広告による情報操作，独占，水道事業など固定費の大きな費用逓減産業などである．これらの問題は，市場に任せておいては解決できない．そこで政府が問題に対処する手段として，本著作の3つの主な政策提言の1つ，対抗投機（counter speculation）の概念が提示されている．対抗投機とは，政府が社会的に適切な市場価格を計算し，上述の問題によって実際の市場価格がその価格と異なっている場合には，政府が取引の仲介をすることで，その価格になるよう誘導する政策である．たとえば独占によって企業が高

い価格を設定している場合，消費者は十分に商品を購入することができず，企業の利潤が増加したとしても，社会全体としては損をしてしまう．政府の「対抗投機局」は社会的に適切な価格（たとえば企業が商品を生産する限界費用）を計算し，その価格ならば十分な量の財を購入して消費者に売る，という取引の仲介を行うことを表明する．これにより，企業は社会的に適切な価格で財を売ることになり，経済の資源配分は完全競争市場と等しく効率的になるという．この提案に関しては，フリードマンやミードの本著作に対する書評（Friedman, 1947; Meade, 1945）でも批判を受けている．フリードマンは「最適な価格をそもそも政府は計算する能力を持たない」と述べており，ミードは「最適な価格に本当に下がるのかどうか不明で，結局は独占価格で政府は財を購入することになるのではないか」と述べている．対抗投機の考え方は本著作の政策提言の中でも大きな比重を占め，それ故に調整経済の根幹であるはずだが，確かに実行可能性の点ではラーナーの議論の歯切れはよくない．フリードマンの指摘する政府の計算能力に関しても，ラーナーは，政府が「経験を積むに従いますます正確に推定できるようになり，またいっそう長い期間にわたって価格を保証できるようになる」（Lerner, 1970, p. 55）という非常に楽観的な見方をしている．

ケインズ的経済政策論における貢献

第 21 章から第 29 章では，マクロ経済学を展開しており，「ケインズとその時代を読む」うえで最も注目したいのはこの箇所である．ケインズ的経済政策論においてのラーナーの重要な貢献である，機能的財政の考え方もここで展開されている．まず，第 21 章から第 23 章では，雇用水準がどのように決定されるかとともに，なぜ現実には完全雇用が達成されないのかを論じている．分析の基となっているのはケインズ理論である．すなわち「雇用は投資によって決まる．投資は利子率によって

決まる．利子率は貨幣への流動性選好と貨幣供給によって決まる」（前掲書，p. 277）と考えている．興味深いのは，第3章では均等な所得分配が経済厚生にとっても望ましいことを示したが，ここでは均等な所得分配が景気にとっても望ましいことを示していることである．ラーナーが「景気循環の根本的な原因は，非常に不平等な所得の分配による需要の不足である」（前掲書，p. 296）と主張する理由は以下のとおりである．貧しい人々が所得のほとんどを消費にまわしている一方で，裕福な人々は所得の多くを消費ではなく貯蓄に回している．もし，裕福な人から貧しい人に所得が移転され，均等になれば，経済全体の所得のうち，より多くが消費にまわり，経済の総需要が大きくなり，景気にプラスの影響があるということである．現代の日本経済では，まったく金融資産を持たず，所得をすべて消費にまわしている無貯蓄世帯が全体の30％以上に上ると言われている（金融広報中央委員会「家計の金融行動に関する世論調査」2015年より）．このような状況では，ラーナーの指摘する所得再分配から景気への影響は大きいと考えられるため，現代の日本経済においても重要な指摘と言える．

第24章では，本著作の3つの主な政策提言の1つ，機能的財政の考え方を提示している．これは，財政の決定において考えるべきは，あくまで景気循環の調整という機能面であり，財政赤字や公債残高など調達面は問題とはならない，という概念である．財政支出は，有効需要の調整という機能面から意思決定を行うべきであり，歳入や財政赤字は問題とはならない．また公債の発行や償還に関しては，それが利子率を通じてどのように投資に影響を与えるかという機能面から意思決定を行うべきであり，公債残高や財政赤字は問題とはならない．これはケインズ経済学の含意を，財政論に拡張することで生まれた政策提言であり，ラーナーのケインジアンとしての大きな貢献である．

しかしながらこの機能的財政論は，当時の経済学者や財政学者から大きな批判を受けることになる．機能的財政論は，当時支配的であった健

全財政（sound finance）論とは全く構造の違う考え方であるうえに，政策的含意もそれとは対立するものだったからである．健全財政論と機能的財政論の対立を明確にするために以下の例を考える．

いま有効需要が不足し，経済が不況に陥ったとする．このとき，所得の減少によって税収も減少するため，健全財政論によると財政収支のバランスを取るために財政支出も減少させなければならない．しかし，機能的財政論によると，財政支出の有効需要を拡大する機能面を重視するため，逆に財政支出増大を要請するのである．

ラーナーは，健全財政は不況期に有効需要を縮小させて不況をさらに悪化させると考え，健全財政論を攻撃している．ラーナーは理論家らしく，この機能的財政の考え方を発表する際に，本章の冒頭に引用した文章「完全雇用の維持を保証することが政府の義務であり，これを阻害するどんな「健全財政」の原則も全く正当化できない」にみられるように，例外を認めないようなラディカルな表現で健全財政論を批判した．政策的含意の対立だけではなく，このこともまた，機能的財政の考え方が提示されたラーナーの論文（Lerner, 1943）やその後の本著作の発表当時に大きな反発と批判を受けることとなった原因の1つだろう．シトフスキーの記述によると，ケインジアンのエブセイ・ドーマーは当時を以下のように回想している．「（上述のラーナーの論文を読んで）私はカッとなって自分のオフィスを出て，マスグレイヴのオフィスへ駆け出したが，マスグレイヴもまた同じ理由で私のオフィスに走って来ていたよ．われわれはラーナーに対して反論する論文を書こうと決めたんだ」．

コランダーの記述によると，当初はケインズも機能的財政の考え方に反対していたばかりか，公然と罵ってさえいたとのことである（Colander, 1984）．ただし，ケインズはその後考えを変えて機能的財政の考え方を肯定的に評価している．たとえば1944年の本著作の出版後，ケインズはラーナーに宛てた手紙で本著作の24章を賞賛しており，またそれ以後もさまざまな場でラーナーの機能的財政の考え方を発表し，紹介して

いる．ケインズが機能的財政の考え方を認めるようになってからは，それまでこの新しい考え方に反発していた多くの他のケインジアンたちもすぐにこの考え方を取り入れるようになったという．

国債の発行額・残高についての考察

　前節まででにすでに景気変動に対して政府支出の拡大が効果を持つことを確認したが，この機能的財政が有効に働くためには，なぜ国債の発行額や残高が問題とはならないのかを考察する必要がある．

　国債の発行額や残高が問題とはならない理由について，ラーナーは興味深い議論を展開している．それは，国家は国民に保有された国債によって破産することはなく，対外債務だけが個人的な債務と同じようにその国を貧困にする，という議論である．いま政府の発行した国債が自国民によって保有され（内国債），財政支出を増やしたとする．この国債は将来世代への負担となり，将来貧しくなるだけであるという主張がなされがちであるが，ラーナーはこれを否定している．それは，将来，国債の償還がなされる時点で，政府は増税して市民から購買力を奪う必要があるものの，償還も同じ世代の市民になされるので，結局は将来時点で，ある市民から別の市民に購買力を移転するだけだからである．国債の負担は，１つの企業の債務の負担とは性質が異なる．１つの企業の債務の負担は，確かに将来のその企業の負担となり，将来その企業は貧しくなってしまう．しかし，マクロレベルで国の債務を考えた場合，将来その債務を償還するのも，受け取るのも同じ国の中の市民であり，国が企業のように債務を将来負担するのではない．国債の利子に関しても同様である．将来利子を支払うのも，受け取るのもやはり同じ国の市民であり，同じく単なる購買力の移転にすぎない．１つの経済主体の債務と，マクロで見た国の債務はまったく性質が異なり，それゆえに財政赤字は問題とはならないとラーナーは主張しているのである．

しかし，この議論が正しいとしても，問題となる場合があると考えられる．それは対外債務である．外国から国債が購入された場合，将来世代は購買力を国内から海外に移転せねばならない．これは将来，マクロで見た国を貧しくする可能性がある．ただし，残念ながら，ここでラーナーは対外債務のもたらす問題について詳細に検討していない．

著作の現代的意義

　本著作では，対抗投機や均等な所得分配などの政策提言も行われているが，ここでは，ケインズ経済学の展開としても，またすでに公債の発行残高が非常に高水準である日本経済においても重要な機能的財政の考え方についての現代的意義および示唆を導きたい．

　国債の発行額や残高が問題にならない理由として，上述したようにラーナーは，内国債が企業の債務とは異なることを強調している．個人や企業の債務は彼らの将来の負担となるが，内国債の購入と償還は一国内での単なる所得移転であるため，内国債は国全体の将来の負担とはならないという主張である．例を挙げるとすれば，もしある人が公営ギャンブルで多額の借金を作ればそれはその人にとって将来の負担となるが，一方で，家族内で賭け事をして父親が母親に借金をしたとしても，それは将来において家族内の所得移転が起こるだけであり家族にとっての将来の負担とはならないということである．このような主張は現代ではあまりなされていないが，論理的には納得できるものである．正しければ，現代の日本経済において多額の国債残高が将来の負担となるとの主張に対して意義のある反論となるだろう．

　ただし，このラーナーの議論に対して，いくつかの問題点および議論すべき点も指摘しておきたい．まず，労働のインセンティブに与える影響の問題が挙げられる．将来の国債の償還にあたって，多くの租税は労働者の賃金に対する所得税の形で徴収されると考えられる．そうする

と，確かにそれは将来時点での個人間の所得移転に過ぎないが，その一方で人々が労働する誘因（インセンティブ）を歪めるはずである．将来の勤労世代が，賃金所得のうちのより大きい割合を所得税の形で徴収されるのであれば，賃金所得を得ることの意義が小さくなり，労働意欲を失ってしまい，これは国内総生産・総所得の減少につながる．換言すれば，将来においての国債の償還は個人間の所得移転に過ぎないので，直接的に総所得を減少させるわけではないが，勤労世代の労働意欲を削ぐことにより間接的に総所得を減少させ得るということである．これは，上記の例で言うと，家族内での賭け事であっても，借金の額が大きければ，父親が稼いできても母親への返済に多くを費やすことになるため，父親の労働意欲が損なわれて，結果として家庭が貧しくなるということである．ミードも書評において指摘しているように，このような将来の労働のインセンティブを歪めることは，事実上将来の負担となる可能性がある．ラーナーは機能的財政を論じる際に，公共支出が，たとえば一部の産業のみに集中して産業間での賃金差を生み，適切な資源配分と労働のインセンティブを阻害することを懸念している．しかし，いざ公共支出のための資金調達に関しては，上述のとおり，労働のインセンティブを考慮に入れていないように思われる．

　さらに，所得の分配に与える影響の問題が挙げられる．内国債の購入と償還が一国内での単なる所得移転だとしても，その所得移転が所得分配を不平等にするならば，やはり消費や投資に影響を及ぼす可能性がある．将来，国債の償還を受ける人々に高所得者が多ければ，将来の所得は不平等になり，経済全体の消費性向は小さくなるだろう．この意味でも国債の発行額や残高は事実上将来の負担となり得るのである．

参考文献

Lerner, A. P. (1936). Mr. Keynes' "General Theory of Employment, Interest and Money" *International Labour Review*, 34 (4), 435-454.
Scitovsky, T. (1984). Lerner's Contributions to Economics. *Journal of Economic Literature*, 22 (4), 1547-1571.
Friedman, M. (1947). Lerner on the Economics of Control. *Journal of Political Economy*, 55 (5), 405-416.
Meade, J. E. (1945). Mr. Lerner on "The Economics of Control" *The Economic Journal*, 55 (217), 47-69.
Lerner, A. P. (1943). Functional Finance and the Federal Debt. *Social Research*, 10 (1), 38-51.
Colander, D. (1984). Was Keynes a Keynesian or a Lernerian? *Journal of Economic Literature*, 22 (4), 1572-1575.

読書案内

- Colander, D. (1984). Was Keynes a Keynesian or a Lernerian? *Journal of Economic Literature*, 22 (4), 1572–1575.

  わずか4頁の文章であるが，ケインズの理論から導いたラーナーの主張（特に機能的財政）に対して，ケインズが当時どう反応していたか，ケインズ本人の考えとどう違ったか，についての記述が興味深い．ケインズは機能的財政論について当初賛成していなかった（後に賛成した）が，その理由について両者の性質の違いを指摘している．すなわち，ラーナーは理論家らしく論理的に正しいことをそのまま現実に拡張して主張しがちであったが，ケインズは現実主義者で，論理的に正しくても，実際に政策としての実現性を重く考えていたという．

- Lerner, A. P. (1951). *Economics of Employment*. McGraw-Hill.（高川清明訳『雇用の経済学』文雅堂銀行研究社，1965年）

  本文で取り上げた『調整の経済学』出版の7年後の1951年に出版されたラーナーのもう1つの主著である．前者ではそれほど多く議

論されなかった雇用の問題について論じているが，やはり機能的財政つまり財政支出の拡大によって雇用問題を解決すべきであるとしており，機能的財政論の分かりやすい解説になっていると同時に，どのように財政支出の拡大が雇用に波及するかという分析も興味深い．

- Lerner, A. P. (1936). Mr. Keynes' 'General Theory of Employment, Interest and Money'. *International Labour Review*, 34 (4), 435–54.

　　ラーナーによるケインズ『一般理論』の解説である．ケインズのインナー・サークル外からの『一般理論』解説であるが，『一般理論』と同年の 1936 年に出版されている．経済学者向けではなく，一般の読者向けに書かれているため読みやすく，重要な点がコンパクトにまとめられている．特に，現代になっては一般の読者には分かりにくい部分もある，「ケインズの経済学の何が新しかったのか」という点について，当時の時代背景や社会通念を踏まえながら理解する助けになるだろう．

II-7

J. E. ミード『理性的急進主義者の経済政策——混合経済への提言』

市場の持つ効率性と残虐性への深い認識

渡部 晶　WATABE Akira

豊富な実務経験を持つ経済学者

　ジェームズ・ミードは，1907年6月23日に英国ドーセットのスワネージで生まれ，子供時代をサマーセットのバスで過ごした後，オックスフォード大学で学部生として学んだ．1930年からはケンブリッジ大学で学ぶこととなるが，ロビンソン夫妻やリチャード・カーンとともにケインズを囲む「サーカス」のメンバーとなり，彼らとの交流のなかで経済学に対する見識を深めていった．その一方で，戦後は，ケインズのライバルとも言えるライオネル・ロビンズの影響下にあるロンドン・スクール・オブ・エコノミックス（LSE）で学究生活を送っている．純粋な理論経済学者としてのミードにとって，最も多産な時期はLSEで過ごしたこの10年と言えよう．この頃に，貿易論に関する2つの著書を

ジェームズ・E. ミード
『理性的急進主義者の経済政策——混合経済への提言』
渡部経彦訳，岩波書店，1977
Meade, J. E.（2012 [1975]）. *The Intelligent Radical's Guide to Economic Policy: The Mixed Economy*. Routledge.

出版し，その大きな貢献によりベルティル・オリーンとともに1977年にノーベル経済学賞を受賞することとなる．1957年に古巣とも言えるケンブリッジ大学に研究の場所を移した後には，所得分配や公平性の問題を重視することとなる．1995年12月22日にケンブリッジ州のリトル・シェルフォードの自宅で死去するまで，こうした問題への強い関心を抱き続ける．

　ところで，多くのノーベル経済学賞の受賞者とミードが異なるのは，彼が豊富な実務経験を持つことだろう．ミードは第二次世界大戦のために1940年代のかなりの時間を政府に関連した実務に費やした．その中でも，ロバート・ストーンとともに国民所得計算を作成したこと，雇用政策を中心とした英国の戦後の再建計画に従事したこと，戦後の国際貿易の体制を構築するうえで大きな役割を果たしたことなどは特筆すべきである．こうした経験の中で，ミードは自身の現実的平等主義の感覚を磨いていったとみるべきだろう．

　なお，ミードは，IFS (the Institute of Fiscal Studies) の依頼で，1974年から一流の経済学者，卓越した税法，会計，行政の実務家から構成される，直接税の構造と改革に関する委員会の委員長に就任した．ミードは，後に，この経験について，これまでの人生の中で最も学んだと回想している．その成果が，1978年に「直接税の構造と改革」（いわゆる「ミードレポート」）として結実した．彼の名前を冠したこの報告書は，ニコラス・カルドアが提唱した「支出税」（消費支出額を課税ベースとし，これに累進課税をする直接税）を，資本蓄積の促進に資するとの観点などから，英国で，所得税中心の税制を改革し導入することを提言した．この本にもその成果が反映されている．

「不満の冬」を背景に

　この本は，1975年に出版されたものである．ケンブリッジ大学の教

授業からも離れ，落ち着いた中で自身の経験と経済学の知見を活かして，彼の平等主義の観点から適切な経済政策を考え，平易に説明することに努めている．自身の理想を実現に向けた普及という啓蒙活動の一環として，政治的パンフレットとしての意味あいを持つと言えよう．

この頃，石油危機や英国のヨーロッパ経済共同体（ECC）加盟などを背景として，戦後の経済システムと政治システムは変化に直面していた．特に，英国では1978年から翌年の冬にかけて，労働組合が長期ストライキや争議を行った結果，公園にゴミが山積みとなり，学校は閉鎖が続き，死体の埋葬さえ拒否された．これに対処できない労働党政府に対してイギリス国民の不信感が増幅されたのである．この「不満の冬」を背景に，1975年に保守党党首に選出されていたマーガレット・サッチャーは，1979年の総選挙で勝利し，サッチャー主義を展開することとなる．フリードリッヒ・ハイエクに影響を受けたサッチャーが一連の政治改革によって解体を試みたものが，本書の副題にあげられている「混合経済体制（mixed economy）」である．

小川晃一は，「サッチャー主義は戦後労働党が先鞭をつけ，保守党政府が受け継いだが，ほどなく動揺してしまうコンセンサス体制—福祉国家体制，それを理論的に支えるケインズ主義に対する多面的な挑戦であった．この戦後体制は英国の誇りであって，経済的困難により不機能に陥りながらも歴代政府はこの綻びを何とか修復しようと苦労を重ねた．しかしながらこれらの努力は成功せず，危機を脱する手立ても尽き果て，国はどん底に陥ろうとしていた．「サッチャー主義」は「万策尽きて」行う従来の政策の大転換であった」という（小川『サッチャー主義』木鐸社，2005年）．

実際に，サッチャーの熱意によって，この戦後の福祉国家体制に様々な変更が加えられた．このような時代にあって，ケインズやロビンズとともに戦後の混合経済の構築に取り組んできたミード自身が，この本においてその意義と本質を改めて説いているという点は特筆すべきである．

市場主義の原則と適切な市場管理——この本の概要

　この本の第1章の「経済政策の諸目標」は，ミードが自らの経済哲学において重きを置く「自由」や「平等」を旨にした場合，当時のイギリスの経済政策や経済制度に変更が必要であることを説得的に主張している重要な章である．同章は，「すべての良識ある市民が共通にもっている多くの社会目標がある．適切な生活水準，適正な所得と富の分配，個人の自由，個人の安全，諸決定への個人の参加などである．意見の不一致は，これらの諸目標が互いに対立する時にはじまる」(Meade, 2012, p. 9) というきわめて印象的な文章から始まる．

　その例として，より効率性を追求した場合，所得分配は不公平になることが知られているとするが，ミード自らは，様々な社会目標の中で，自由と平等に高い価値を置くことを鮮明にする．

　ミードは，当時のイギリスの状況を踏まえ，市場主義の重要性を説く．曰く，「有効な競争条件が保証できる場合には，自由な市場メカニズムを回復し，発展させることである．競争的な市場メカニズムの大きな利点は，それが効率と自由の組合せだということにある」(前掲書, p. 9) という．その一方，市場への介入も当然視する．「この市場メカニズムを基礎として，政府の介入や管理という上部構造がつくられていなければならないことを認めている」(前掲書, p. 10) という．そして，明確な基準に基づき，税，補助金などを活用すべきことを主張する．

　そのうえで政府の介入や管理について8項目をあげている（前掲書, pp. 10-16）．

① 自由な価格メカニズムが働くのは貨幣表示の価格，貨幣表示の費用，貨幣表示の所得，資本や富についての貨幣価値を通じてであり，不正の防止やシンプルで効率的な意志決定には，貨幣表示価格の一般水準の激しい変動は不都合であること．インフレーションと

デフレーションを抑制すること，また，それを特定の価格，費用，所得についての官僚的管理に頼らないで，一般的な財政金融手段で行うこと．
② 失業や資源の浪費をさけようとするため，賃金率を含む貨幣表示価格，費用の側にも，市場条件を適切に反映する必要があること．そのためには，大企業体（労働独占を含む）の独占力の使用に対して，適切な社会的管理を行うこと．
③ 鉄道輸送，電力の発電，配電などのサービスのように，大規模経済の利益が重要で独占がさけられない場合には，完全な国有と国による管理を行う．
④ 正義のための行政や法と秩序の維持のような公共財の提供は，現代では，中央・地方の政府が大きな役割を演じること．
⑤ 機会の平等を推進すること．その中には，教育機会の平等や，労働組合や専門職業家団体の制限的慣行を規制することを含む．しかし，平等のために競争的な市場を廃止せよというわけではないが，相続財産の構造的分配を強め，購買力の公平な分配を直接的に実現しうる広範囲な直接的財政手段を使うべきこと．
⑥ 将来の不確実性については市場メカニズムではなく，何らかの形での政府の指示的計画の手助けが必要であること．
⑦ 経済の大きな構造変化を扱うような中央計画が必要であること．
⑧ 環境管理，枯渇する可能性のある資源の利用，人口成長といった，市場メカニズムが社会的費用や便益を考慮できないような重要な問題について，政府の管理や介入が必要であること．

　ミード自身，これら8項目について「非常に広範囲のリスト」となっており，「市場メカニズムのなかに経済的自由という視点がのこっているのだろうかという疑問が出てくる」（前掲書，p. 16）と自問する．
　ミードは，これについてきわめて経験主義的・現実主義者的な言い方

をして答える．すなわち，「たしかに，両方の世界をいつまでも最もうまく動かせるということは不可能である．そして，困ったことには，管理されていない市場の自由と，特定の個別的行動に対しての社会的管理の必要性とはしばしばぶつかり合うのである」(前掲書, p. 16) とする．そして，市場主義について否定的な意見が強いときには市場主義を擁護し，市場主義のメリットが信仰の域に達する時代には，それを否定することが重要だという．ミードがそのキャリアの中でアカデミズム以外でも活躍してきたバランス感覚を想起する部分である．

そして，この本の序を書いたのは 1974 年 7 月であったが，ミードは，当時の英国の状況について，自由な市場メカニズムの利点を台無しにする意見が強くなりすぎると判断し，第 2 章から第 4 章で市場メカニズムが有効に機能するよう改革を提言する．

第 5 章以降では，自由な市場メカニズムの基礎の上に，管理と介入のための上部機構について考察している．

この本の提言のために以下の 3 点の態度変更が必要だとする (前掲書, pp. 16-17)．

① 大規模な企業よりも，規模の小さい企業を奨励する．経済効率性よりも，独立性や余暇，生活に必要な財の，より公平な配分を重要だと判断することが必要．
② 資本主義の醜い面が綺麗なものにならない限り，市場メカニズムが自由にその役割を果たしさえすればよいとは考えない．脱税や金融操作などの不正で巨万の富を得た人々が蓄財していかないように，制度や思考を変更することが必要．
③ 強力な独占体 (強力な労働組合を含む) が，その行動について社会的管理を受けいれること．そうでなければ，現代科学がわれわれの手の届くところまでもたらしている適正で自由で繁栄した社会 (the decent, free, prosperous society) を築きあげることはできない．

ミードは，以上のような合意を得るのは，はるかに遠い先のこととする．だが，決して絶望はしないで，「歴史は，ある時点でのイデオロギーも，忍耐強い教育と説得で，基本的変化をおこすことを示唆している」（前掲書，p. 17）と歴史から教訓を引くのである．

　第6章では，財政手段が詳しく展開される．冒頭，ミードは資産の所有がとても不平等になっていることが現在社会の最も目立つ特徴だと指摘し，理想的社会としては，「財産所有の民主制（a property-owning democracy）」を掲げるのである（前掲書，p. 83）．

　ミードは，急進的理性主義者が提案する税制改正を，個人単位での課税を前提に，以下のように示す（前掲書，pp. 96-98）．

　なお，個人貯蓄を促進し，将来世代のための社会の貯蓄とすべく，課税ベースを所得から消費支出への累進課税に置き換えることが好ましいとし，富裕税の存在を前提とすれば，そのために記録を持つごく少数の金持ちに対しては，所得税に換えて，付加税として支出税を課税することも可能だとする．

① 法人税廃止．一人の雇用者が雇う被雇用者数に応じての累進課税．
② 現在の所得補助の規模に見合う大きさで社会の全員に週ごとに社会的配当を無税で支払うこと．この社会的配当は，現金で現在給付される総ての給付を置き換えるものである．
③ あらかじめ定められた限度までの，その所得の最初の部分（the first slice of earnings）の割合として表示される（expressed as a percentage）累進的な国民保険料に相当する（corresponding to）累進的賦課（a graduated levy）がある．
④ 例外なくすべての財・サービスの消費に同率で課税されている，付加価値税（VAT）の標準税率は，所得税の標準税率に置き換えるため緩やかに引き上げられること．

⑤　付加税（支出税）が，消費の高い水準に課せられること．
⑥　富裕税が大きな個人資産の規模に応じて累進で毎年課税されること．
⑦　取得税が，個人が贈与や相続によって得た総額に課される．その税率は，a.当該個人が現在まで贈与や相続によって受け取った総額が大きいほど，そしてb.贈与者の年齢と受贈者の年齢の差が大きいほど高くなる．

　このような税制改正の実行可能性について，行政の簡素化になる一方，資本的な資産の記録と評価という新たな問題を生じさせるという．この章で示された財政改革による社会的配当制度をもって，過剰な賃金要求をするための労働行為にでた労働者やその家族への社会的配当を留保することができ，基準を超えた要求を実現するための交渉力を減殺することができることとなる．
　第6章までは，個人的行動の自由と価格機構の下で行われる市場での決定の利点が強調されている．
　第7章で環境，資源，人口についての社会的管理の適切なあり方を考察する．環境問題を例にあげて「子供達や孫達のために安全をはかるという目的で経済的思考の一般的変更を考えることが強く要求される」とし，人口増加率と，少なくとも先進国では一人当たり消費の成長率に何らかの制限を設けることが必要だとする（前掲書，p. 118）．そして，全生産量の水準に何らかの制限をおくことの必要性は，所得と富の再分配について第6章で議論した財政手段の重要性を強調することである．不必要な広告宣伝への課税や耐久性のある製品の生産へのインセンティブについて検討される．資源浪費に対するミードの批判は厳しい．そして，世界の貧困問題解決のために，経済成長の重要性を否定はしないが，所得分配の不公平性が様々な社会対立を生む危険性を指摘する．成長よりも所得分配の公平性に力点を置くべきとしている．きわめて現代に通じ

る洞察である．

　ミードは，プラトンを参照して，「慈悲深い守護者」の必要性について考察を進める．ここで，プラトンが，哲人政治の優位性を認めた，「哲学者が支配するか，支配者が哲学するか，いずれかでなければ，国々に災いのやむときはない」という言葉を紹介しておきたい．しかし，ミードは，最終的に，哲人政治が，まったく管理されない自由放任（レッセフェール）と同様，悲劇的な結末になることを見通し，難しくても中庸の道を見出すしかないという．それは結局のところ，市場主義の原則のもとに，政府が適切な市場管理を行うという道である．

　この第7章のしめくくりのパラグラフで，ミードは，イギリスの第二次世界大戦期に総理大臣として戦争指導を行ったことでよく知られるチャーチルの「民主主義は最悪の政治といえる．これまで試みられてきた，民主主義以外の全ての政治体制を除けばだが」との名言と，ケインズもメンバーであった，当時のケンブリッジにおける名高い知的サークル「ブルームズベリーグループ」の一人で，『インドへの道』，『眺めのいい部屋』，『ハワーズ・エンド』，『モーリス』など映画にもなった小説で著名なE. M. フォースターの著作『民主主義に万歳二唱（Two Cheers for Democracy）』（1951年）を紹介する．同書所収の「私の信条」に「というわけで，民主主義には二度万歳をしよう．一度目は，多様性を許すからであり，二度目は批判を許すからである．ただし，二度で充分．三度も喝采することはない．三度の喝采に値するのは「わが恋人，麗しき共和国」だけである」とある．翻訳者の小野寺健は，「フォースターは民主主義は擁護するものの，その限界を認識しておく必要を説くのである」，「つまり，人間がつくる政治制度はどんな制度でも所詮不完全なのであ」るとする（フォースター『民主主義に万歳二唱Ⅱ』みすず書房，1994年，訳者解題）．

　フォースターが，民主主義の意義を懐疑的に是認しているのに対し，ミードは，価格メカニズムについては，「価格メカニズムに「心のこ

もった (hearty)」万歳二唱」として，積極的に擁護している点が興味深い．ただし，「理性的急進主義者は，楽観的なユートピアンではない．世界が，妥協が不可避である，不正な場所であることを認識している」(Meade, 2012, p. 123) と万歳三唱まではしていないことにも留意すべきだろう．

第8章，第9章で，ミードは，これまでの議論を世界経済に拡張し，安定的なマクロ政策のための国際的な仕組みについて論じている．自由貿易を基本としつつ，発展途上国の幼稚産業保護の取組みは許容する，固定相場制を否定し，変動相場制を支持し，過度の相場変動については，超国家的為替平衡基金の創設を唱える，また，発展途上国への政治的な思惑から切り離された経済援助を支持する，などである．

最後に，ミードは，以下のようにこの本をしめくくる．大衆民主主義における知識人の困難さを告白した示唆深い文章である．「多分本書で述べてきたような形での経済改革の構造を考えることは，理性的急進主義者の仕事にとって最も容易な部分であろう．社会の改革が成功するかどうかは市民が冷静でありうるか，公平な心をもちうるか，理性的でありうるかといったことに依存している．しかし，理性的急進主義者は，仲間の市民に対して，その場合，彼らが理解する「良い社会」の性質を説明することにより，市民が冷静で，公平な心をもち，理性的であるようにさせることができるだろうか」(前掲書，p. 151)．

社会保障政策のあり方が問われる中で——著作の現代的意義

同書の現代的意義は以下の通りである．

まず，第一に，自由競争市場の下に，必要な政府管理を行うという，経済学からすればあまりにも常識的な考えと思われるものが，意外にも日本の支配的な知的フィールドでどの程度受け入れられているのか，やや疑問なしとはしない．そのような中で，「価格メカニズムに「心のこ

もった (hearty)」万歳二唱」とのオーソドックスな立場の重要性は，今後とも標準に据えるべきものではないだろうか．

　ミードのいう「理性的急進主義」，つまり，「社会民主主義」が，微妙なバランスでしか成立しないことの証左として，この本の日本における受容の仕方も多様であった．1977 年に翻訳が出版された際にいくつかの書評が学術誌に出ている．たとえば，佐伯啓思は，「新古典派総合の理論的整合性は必ずしも吟味されておらず，ミードの種々の政策の全体的整合性は必ずしも明白ではない」(佐伯『経済評論』26(6), 1977 年) とする一方，鈴村興太郎は，「私の見る限り，提案されている政策体系は十分に consistent であって，目的合理的である」(鈴村『季刊経済学論集』43(4), 1978 年) と評している．ケインズ経済学を，標準的なミクロ経済学に沿って解釈するというきわめて大きな課題については，本書の編者の一人である大瀧雅之『貨幣・雇用の基礎』(勁草書房，2011 年) や『国際金融・経済成長理論の基礎』(勁草書房，2013 年) をまずは参照されたい．

　また，第二に，ミードが，当時のイギリス経済，そして世界経済についての政策を，経済学の比較優位のある思考方法である一般均衡的な考察でわかりやすく示したことに大きな意義を感じる．法律学では，「賢慮 (jurisprudence)」と呼ばれているものに通じるだろう．先に紹介した鈴村が，「思うに，本書のなによりの貢献は，理性的急進主義者の標榜する〈自由と平等の優先性〉という価値を，現代先進工業社会において斉合的に追求することが，われわれになにをもたらし，なにを犠牲として強いるかを冷静に追求した点にある」と指摘しているところと符合すると思う．

　ミードは，この本で，理性的急進主義者がめざすべき「自由と平等」という目標のもとでの，経済政策のあり方を全体として示している．われわれのような初学者には，全体をつねに視野に入れた適切な判断を行うことは大変難しい．そして，他の条件が変わらないという条件下での，いわば部分均衡的な考えにとどまることが多い．しかしこの本は，

ある施策が全体として最終的な目標に整合的であるかどうかを考えることの重要性を教えてくれる．

さらに，第三に，ミードがこの本を書いた時期とはうってかわって，政府による有効な社会保障政策のあり方が問われている．マクロ経済政策と整合的な形で示された「社会的配当」制度，消費税（支出税）構想にみられるように，市場メカニズムを基礎とした経済政策を考えるうえで，示唆に富む考察がこの本には満載されている．昨今のように，所得分配の公平性が再び大きな社会的課題になる中，ミードを参照する意義はきわめて大きいものと思う．

付記：本文中の引用頁は原著のもので，邦訳については筆者が原文を参照して一部修正した．詳しくは拙稿「The Intelligent Radical's Guide to Economic Policy: The Mixed Economy (1975) J. E. Meade」『社会科学研究』第66巻第2号を参照していただきたい．

読書案内

- ピーター・テミン，デイビッド・バインズ (2014)『リーダーなき経済——世界を危機から救うための方策』貫井佳子訳，日本経済新聞出版社．
  ケインズ経済学を深く理解したミードの国際経済学に由来する「スワンモデル」をもとに，今後の世界経済の処方箋が論じられている．
- 豊永郁子 (2010)『新版 サッチャリズムの世紀——作用の政治学へ』勁草書房．
  ミードに立ちふさがった，サッチャリズム（サッチャー主義）と呼ばれる一連の政治的イニシアティブを政治学の立場から鮮やかに読み解く．

- ジュリアン・ルグラン（2010）『準市場 もう1つの見えざる手——選択と競争による公共サービス』後房雄訳，法律文化社．

　サッチャー主義の展開ののち，1997年の総選挙で労働党が勝利し，ブレア政権が誕生した．この政権では，保守党の流れを引き継ぎ，公共サービス改革を進めた．そこでは，従来の労働党政権が進めてきた行政の直営ではなく，準市場・バウチャー（公共サービスにおいて利用者に選択権を与え，病院や学校のような供給者が利用者の選択を求めてお互いに競争するようなモデル）が採用されている．ルグランは，その理論的支柱であった．彼は，準市場により，社会民主主義的左派が重視する平等もよりよく実現できるとする．この本の帯には，「新自由主義と社会民主主義の相克を超えて社会政策改革の「第三の道」を示唆」とある．なお，翻訳者の後房雄の日本の準市場に関する論説も参考になる（後房雄（2017）「バウチャー制度＝準市場の概略と日本における起源と展開」『名古屋大学法政論集』269号，pp. 329-364）．

III

1930年代の世界と日本

III-1

J. M. ケインズ『世界恐慌と英米における諸政策——1931〜39年の諸活動』

世論形成に力点を置いたケインズの活動

大瀧雅之　OTAKI Masayuki

政治経済学的活動の軌跡

　この著作は，イギリスの金本位制離脱直後の新しい経済政策のあり方の模索から，ドイツやイタリアにおけるナチズム・ファシズムの台頭により，ふたたびヨーロッパに戦雲が立ち込め始め，その戦費調達・資源配分が最も優先度の高い経済政策となる時代にかけての，ケインズの政治経済学的活動の軌跡を辿ったものである．

　同書は先のケインズ全集第20巻と同様に，ケインズの要人との往復書簡，Times誌やNew Statesman誌などの知的階層向けの一般雑誌およびBBCのラジオ放送をもとにListener誌に掲載されたエッセイ・原稿から構成されている．驚くべきことにケインズ自身が編者を務めていた（1911-1925）学術専門誌であるEconomic Journal誌からは，一篇の

ジョン・メイナード・ケインズ
『ケインズ全集　第21巻　世界恐慌と英米における諸政策—— 1931〜39年の諸活動』
舘野敏・北原徹・黒木龍三・小谷野俊夫訳，東洋経済新報社，2015
Keynes, J. M. (2013). *Activities 1931-1939: World Crises and Policies in Britain and America*. The Collected Writings of John Maynard Keynes XXI. Cambridge: Cambridge University Press.

論文があるのみである．いかにケインズが世論形成に力点を置いて活動していたかが窺われよう．

　この間 1936 年に『雇用・利子および貨幣の一般理論』が書かれているわけであるが，この『世界恐慌と英米における諸政策』が本体だけで 539 頁にも及ぶ大著であることを同時に考え合わせれば，それだけでも，ケインズの八面六臂の活躍のほどが容易に浮かんでくる．

ケインズの「国家計画」

　第 1 章の「通貨問題」は同書の核心部であり，ケインズの当時の思想・経済理論の集大成である．この章では，1931 年のイギリスの金本位制度離脱の直後の通貨問題が扱われている．興味深いのはケインズ全集の本巻と前巻第 20 巻の間で金本位制離脱が起きており，この直前・直後のケインズの見解が欠落していることである．どうしてこのような構成になっているのか，それ自体好事家にとっては一興であろう．

　事実，全集第 20 巻ではケインズは離脱に慎重であった．イギリスが基軸通貨国の便益を十分に享受していたことから当然である．離脱により，ポンド・スターリング圏が崩壊し旧大英帝国を形成していた国が金本位制度に留まれば，その強力な信奉国でありかつ豊富な金準備を抱えるアメリカあるいはフランスに，基軸通貨国の地位を奪われてしまうからである．ほぼ同時期の旧大日本帝国の離脱とは意味が異なる．

　離脱後のポンド減価により経済が好転したために，金本位制への復帰を諦めた上で為替と物価の安定をいかに図るかが，この書の問題意識となる．進んでケインズは，大恐慌後の回復にイギリスが動くべきと唱える．全集第 20 巻で詳論されているが，アメリカ視察で，彼の地に回復の端緒を求められないと考えたからである．そのために，徹底的な低金利政策を主張した．ただこの陰には戦時国債の借り換え問題が潜んでいる（Keynes, 2013, p. 80）．

完全な金本位制からの離脱を前提とした考え方は，ヨーロッパでは少数派であり，復位を前提とした離脱との了解が主流であった．金本位制は深い信仰を集めていたのである．この時代背景を，戦時国債と第一次世界大戦の賠償金の2つの暗雲の存在とともに織り込んでおくことは，この時代のケインズの活動を理解するうえで不可欠である．

　ケインズは，ポンド・スターリングのありかたとして，金とのパリティーを，5%から10%程度の幅をもって維持する金融政策を提案する．つまりアメリカ・フランスといった強国が金本位制に留まる限り，ポンド・スターリングの価値を著しく損なうことは，甚だ不都合である．自国内の金準備不足によるデフレ圧力の緩和と金本位制度維持国への対抗を両立させるために，以上の折衷的政策が必要であると主張する（前掲書，pp. 19-20）．これに加え，ケインズは財政支出による景気刺激策を推奨する．戦争の支出のみが不況脱出策であった過去を嘆き，平和時に社会に資する投資を推進することの重要性を強調する（前掲書，p. 60）．

　さらに，金本位国との間で問題となる経常収支の均衡について，次の記述がある．イギリスは1929年以来膨大な貿易収支赤字を計上してきたが，これは一次産品が主力のイギリス籍企業の業績悪化によるものである（前掲書，p. 65）．しかし離脱以降一次産品のスターリング建価格の上昇がポンド・スターリング圏の貿易収支を改善し，イギリス自身の貿易収支も飛躍的に改善したというものである（前掲書，p. 72）．結果的だが金本位制からの離脱利益は大きかったのである．

　しかしながら，世界が「金」に信を置く以上，為替レートや金に影響する物価を放置できず，上述の折衷的金融政策を提案したのである．出色は，政策の透明性を強く訴えていることである．すなわち，大蔵大臣が外国為替特別会計の運用内容の守秘性を高めようとしたことを批判している（前掲書，p. 105）．疑念が金融パニックを惹起することを気遣ってのことである．

　さてこうした政府の積極的市場介入を勧奨する思想は，社会主義・

ファシズムにつながるとの疑念を広く抱かせた．ケインズはBBCを通じてきわめて微妙なバランスのうえで，ロシアの経済の非効率性と非民主性を論難し共産主義と完全に一線を引いている（前掲書，p. 85）．イタリアに関しては細部には立ち入っていないが，一般に「国家計画」がどの範囲まで及ぶべきかに触れ，それが民主主義社会でも達成可能であることを詳論している．そして権威主義的レジームの欠点として，その恣意性に基づく国家としての信頼性の欠如を強調している（前掲書，p. 91）．

そのうえで国家計画は，通常，政府・官僚によって取り仕切られるべきであり，民主主義的な選挙により選ばれた者たちは，計画が仮に失敗に終わった時に，最終的に変更できる余地を残しておくのが本務と説く．彼は「国家計画」を，個人の勤労意欲を削がないことを前提に，個人では如何ともし難いマクロ経済的な困難に知性的に（彼はこれを集合的知性と呼ぶ）立ち向かうことと定義する（前掲書，pp. 87-88）．

要するに，ケインズは共産主義やファシズム経済の一時的隆盛が，国家による個人からの収奪によるものと喝破した．ケインズの「国家計画」は，個人の経済動機を重視し資本主義を前提として，集合的知性の涵養により，民主的・内在的に改革を目指している．

「ケインズ政策」の原型

第2章の「金融緩和，効率的財政支出，及び繁栄のための諸手段」では，後にケインズ政策と呼ばれる有効需要管理政策の原型が提示される．ただし時代背景に留意すべきである．低金利政策の発端は，設備投資の刺激が目的ではない．金本位制離脱により金利の設定が自由になったことと，巨額の戦時国債の低利での借り換え目的の副産物である．金本位制離脱に，ケインズの積極的関与はない．経常収支の巨額の赤字により余儀なく離脱したのである．低金利政策による有効需要刺激政策と為替レートの減価による景気回復は，彼の発案というより歴史の偶然で

ある．

　さらに周知のように，投資は利子率より利潤・収益に強く支配されるから，低金利政策による景気刺激には限界がある．そこでケインズが提示したのが，一定収益を前提とした積極的財政政策である．彼は採算度外視の財政支出を考えたのではなく，低金利に見合う収益がある財政支出を推奨した．

　財政規律を守ることに，ケインズはそれなりに慎重であった．上述の戦時国債価格維持政策が焦眉の急であったことから，自然な考えである．しかし問題はここからである．ケインズが主張した公共投資がどれほど豊富にあるか，また存在しても，政府・自治体が見出せるかという問題について，彼は驚くほど無頓着である．批判の槍玉に上がった，イギリス厚生省のアーサー・ロビンソンはケインズに宛てた書簡で（前掲書，pp. 191-192），そうした彼の安易な姿勢を批判している．

　悲観論への反論として，ケインズはカーンとともに乗数理論を打ち出し，公共支出が大きな所得を生み出すことを提示し，同時に失業手当や税の自然増などを細かに推計して，財政への負担が過重にならないと主張したのが，有名なエッセイ「繁栄への道」である．

変動レート制と金本位制の並立問題をめぐって

　第3章の「世界経済会議」では，1933年7月にロンドンで世界66か国の代表を集めて開かれた「世界経済会議」に前後したエッセイや要人との往信が年代順に並べられている．問題意識の中心は，変動レート制と金本位制の並立問題である．これに関税・農業問題と計画経済問題が重奏する．「世界経済会議」は，資本主義経済再建のため開催されたが，ルーズベルト米国大統領の「奮闘」むなしく終了する．ケインズはこれを予知し，「会議」開催自体が世界経済に動揺を与えてしまうことを危惧している．直前に『世論』などの著書で知られるアメリカのウォル

ター・リップマンとラジオで，会議への期待について対談している．実現性のある国際協調，変動レート制のイギリスと金本位制の超大国アメリカとの間での為替レートの安定，拡張的財政政策の参加国全体に対する慫慂という点では一致をみる．

しかし，戦時国債の償還を巡って二人は深刻な対立を見せる．リップマンは，戦時国債償還による，金融機能の麻痺や政治的騒動はアメリカにとっても馬鹿げているが，この問題を避けては国民全体が納得しないという厳しい事実を突きつける．そのうえで，両国の政府が支払を催促するわけでもなく，デフォルトを宣言するでもない，穏便な着地点を見出さなければ，他の世界平和や復興に関する議論が画餅に帰す可能性が高いとしている（前掲書，p. 258）．

ケインズは，国際間の資金貸借の問題が為替レートの乱高下を惹起しているとして，それを「会議」の主要課題とすべきであると主張しているが，戦時国債の問題は「会議」が担当すべき物事ではないと一蹴している（前掲書，p. 259）．議論の錯綜を避けての発言だろうが，イギリスが債務国である以上，ある種の傲慢である．リップマンが示唆するように，根の深い深刻な問題であるから，物事の不透明性を嫌悪するケインズの立場からすれば，いただけない発言である．

実際ケインズはドル・ポンドの為替安定の具体策として，BOE（イングランド銀行）とFRB（米国連邦準備制度）の協調的金融政策の必要性を訴えた私信を大蔵大臣とBOE総裁に送り付けているが，大蔵大臣からは返信がなく，モンタグBOE総裁からは厳しい返信を受け取っている（前掲書，p. 264）．厳密な議論は史家の手によるべきだが，戦時国債の問題はケインズが考えていたほど手軽な問題ではなく，実務に当たる政治家・官僚にとってはモンタグの言う「夜」のように暗い問題だったのだろう．

ここに至り，英米間での財政政策に対する姿勢の相違が明らかになる．債務国イギリスでは「ない袖は振れぬ」が，債権国で膨大な金準備

を持つアメリカでは，ニューディールの巨額公共支出が可能だった．会期中にケインズが，ルーズベルト大統領を称賛してアメリカ中心の景気回復策を促しても（前掲書，pp. 273-280），「会議」の無計画さを批判しても（前掲書，pp. 281-284），第一次世界大戦によって生じた国際的な巨額の債権・債務関係の対立の前では，まったく無力であった．イギリスに許された景気回復策は，金本位制の呪縛から逃れたことだけだった．なお末尾の農業問題では，「自己破壊的な金融計算が生活全般を闊歩している」として農業保護・都市計画の必要性を強く訴えている（前掲書，p. 242）．

ニューディール政策とケインズ

　第4章「ニューディール」には，アメリカのニューディール政策への書簡・エッセイが収められているが，彼は終始局外者である．全国産業復興法（NIRA）や農業調整法（AAA）を中核とするニューディールは，ケインズの強い思想的影響のもとなされたと流布されている．しかし事実としては，ルーズベルト大統領の強いリーダーシップのもと，ケインズとは無関係にアメリカ人自身の手によって立案・実行されている．ケインズはこれに賛意を表し，改善策を前3章までで紹介・解説した理論体系により，メディアを通じて提案したに過ぎない．彼自身が分析しているように，ニューディールがそれなりの成果をみたのは困窮した人々の支持を得たからである（前掲書，p. 307）．

　ケインズはアメリカ政府が社会の「改革」と景気の「回復」の区別に無頓着だとし，NIRAの社会改革が景気回復には迂遠であり，付随する財政出動の遅れは致命的であると主張する．支出の目的を精査することなく財政出動を慫慂するのは，先にも現れたが，彼の悪癖である．これがもとで自身の優れた理論体系が，ブキャナンとワグナーなどの財政学者から故ない批判を浴びる（Buchanan and Wagner, 1977）．直截に言えば，

ケインズ的裁量的財政政策が機能を発揮するのは，国家財政に十分余裕があり，またそれが次代の国家像に結びついた「改革」であるときである．

『一般理論』上梓前後の言論活動

第5章の「一般理論刊行前後の静寂」には1936年2月の『一般理論』上梓前後の言論活動が収められているが，表題通り活動は限定的で，わずか42頁の章である．所収の論考にも内容的重複が多いが，次の2点は重要である．

まず国際経済学上の進歩である．変動レート制に移行してから，ケインズの対外投資への態度はあいまいであった．しかし金利差が資本移動に影響を与えることを知り，国内を低金利に保つためには，経常収支を均衡させる必要上，対外投資を恒常的に規制すべきであるとの提言に至る（Keynes, 2013, p. 365）．

第二に「経済的制裁」というエッセイが登場する（前掲書, pp. 370-372）．イタリアへの軍事的制裁の声が高まる中，時期尚早と退け，温和に過ぎるとされる経済制裁が，破綻に瀕したイタリア経済には有効であると力説し，戦争を回避しようとした事実は，敬意を払うに値する．

長期展望に基づいた再軍備計画

第6章「景気停滞と再軍備」では，ナチズム，ファシズムの侵略により，ふたたび戦火が上がることが不可避になりつつある状況下での，再軍備の必要性と1937年後半からの景気後退への対策が編集されている．日本の統制経済と比べ，この本の第1章で紹介した長期的視野から議論されていることが特徴である．ケインズには，大量失業により路頭に迷う人々が増えると，社会秩序が揺らぐことへの深い危惧があった．同時

に，ある程度の豊かさに到達した経済では，物的なものではなく知的・精神的な豊かさが求められるべきとも説いている（前掲書，p. 393）．戦争が目睫の間に迫る不況下で，こうした考えを許容できたイギリスの懐の深さは，端倪すべからざるものである．こうした長期展望に基づき，マクロ経済政策および食料等の一次産品の計画的貯蔵を含む再軍備計画が論ぜられる．個別に触れよう．

　財政・金融政策については，膨大な軍事費の拡張を意識して，財政支出はその上限に達しているとし，支出性向が高い産業・地域に公的支出を重点的に配分すべきと主張する．そうした効率的支出の計画には時間が必要なので，専門家の英知を結集し直ちに金融的な判断を下すべきと訴えている．しかしケインズの財政事情に対する認識は，いささか甘い．提案する総合的財政支出のメカニズムが整えば，収益率2〜3%を前提に，少なくとも数か月でそれが実行に移せるとの楽観を崩していない．そしてその論拠は不明である．

　最後に一次産品の貯蔵問題で特徴的なのは，議論が個別具体的でありながら，細部に流れることなく，統一的見地から吟味されていることである．すなわち，「国防に役立つものは究極的には平時に復した時にも長く資する必要がある」（前掲書，p. 470）という認識のもと，一次産品の価格変動に基づく景気循環の波を平滑化するためにも，国家による貯蔵が計画的になされるべきであると主張する．

リベラリズムに対する信奉の深さ

　第7章「大戦へ向けて」は，経済情勢の切迫から論調の変化がある．しかしなかでも注目されるべきは，ケインズのリベラリズムに対する信奉の深さを堂々と正面から語った「民主主義と効率」という対談である（同書，pp. 491-500）．戦争に対応する経済計画の必要性を認めながらも，そうした経済変革が平時に復しても十分機能し，それが社会の進歩とな

るように立案されるべきとの主張に始まり，イギリス国民・政治家の大半がリベラリストであるにもかかわらず，なぜそうした世論が形成されず，自由放任経済と国家社会主義の二者択一を迫るような議論が流布されているかを問う．

その原因として，私有財産制度を前提として経済体制をやりくりしようという階層を超えた共通理解（sympathy）が欠如していることを挙げている．さらに歴史を振り返り，「しかし，平和的で，非暴力的な社会や経済の進化を成し遂げられるのは，リベラリズムを通じてしかありえない」（前掲書，p. 493）と主張している．重い言葉である．

思想は不変だが，処方箋は情勢を反映し変化する．この章では，軍事費の増大だけで十分完全雇用は達成可能との主張に変化している．また増税で戦費を賄うことが不可能と察したのだろう，国債増発を認めその上で長期利子率を低位に保つため，徐々に長期債の発行へ軸足を移すよう促している．金融政策については，膨大な戦費により国内アブソープションが増えることへの対策が主題である．アブソープションの増加は，国内借り入れ需要増へと直結する．この資金需要増とその裏側である経常収支赤字が深刻な問題となる．ケインズは，ロンドンでの海外資金の調達や海外直接投資などの資本輸出の抑制を，強く提唱している．

『一般理論』からの影響

内容から明らかなように，この書と『一般理論』はいわば姉妹編である．外国経済との取引を捨象し雇用問題に焦点を合わせた理論書である『一般理論』に対して，外国，特に金本位制国との資本取引を考慮に入れた実践の書であるこの書は，対として読まれるべきである．付言すれば同書に記された試行錯誤を通じ，純粋理論である『一般理論』の輪郭が明確なものとなっていったのであろう．ただ両書を通じてケインズが財政事情と財政支出の方途について楽観的あるいは無頓着なのは，大変

気になるところである．

　『平和の経済的帰結』において，ケインズは真実を語ることの重要性をたびたび強調している．この書でもその姿勢は厳しく貫かれ，大統領，首相，大蔵大臣，BOE総裁へも，歯に衣着せぬ厳しい批判を投げかけている．一般に経済現象は，経済学の基礎知識を持たない人々には容易に想像がつかない因果関係に支配されることが多い．経済社会という実体は，個人には直接観察することができないからである．個人の行動を足し合わせれば，マクロ経済現象が説明できると考えるのは，経済学の素人である．

　すなわち先に述べたように，個人的知性と集合的知性の間には抜きがたい壁が存在し，経済学者は後者の存在を広く知らしめ，その涵養に相努めるべきである．だがそうした営為は，容易に個人的知性との軋轢を生む．このためケインズがたびたび力説するように，経済学者は利害から独立した無私の存在であらねばならない．研究者の多くにはこうした存在であり続けられる保障があり，またそれを国民から負託されている．

　またこの書だけでなく生涯の活動を通じ，ケインズはつねに経済統計に配慮して議論を進めてきた．彼の議論は論理的骨格が明確なだけでなく，概数ではあるが具体的なデータを基に書かれている．現在の日本の「経済論壇」は自省すべきである．

　たとえば，統計的誤差の範囲にある物価水準の低下を，昭和恐慌の歴史的デフレに準えてインフレを称揚する研究者たちは，巨額の国債が累積し価格維持政策が焦眉の急である現状を考えれば，ケインズの描いた地に足の着いた議論を重んじる経済学者像と合致しない．マスメディアに巻き込まれた一部の経済学者の狂奔を目の当たりにすると，ケインズが引用したヒュームの言葉に重みを感じざるを得ない．「古代人は世を見通す能力を得るためには，ある種の聖なる怒りと狂気が必要であると考え続けていたが，現代においてそうした能力を会得するには，大衆的な狂気と欺瞞から距離を置くことが何より必要であろう」（前掲書，p. 61）．

謝辞：本研究は科研費JSPS 17K03618の助成を受けたものです．

読 書 案 内

- Keynes, J. M. (2005). *Positive Suggestions for the Future Regulation of Money in the UK, US and Other Countries*. Kessinger Publishing.

 ケインズの『貨幣改革論』(1921年)の第5章だけを抜いたものである．わずか30頁なので英文だが十分楽しめよう．ドル圏とポンド・スターリング圏に世界を二分し，英米の間で為替安定の協調的金融政策を図ろうという提言は，斬新で現代的である．

- Keynes, J. M. (2010). *Keynes on the Wireless*. Palgrave Macmillan.

 ケインズのラジオ放送21編が収められた書物である．『世界恐慌と英米における諸政策』にもある戦時国債の償還問題や大恐慌後の回復策が，より平易に，かつ明確に述べられており，大変有用な一冊である．またケインズの教育・芸術論も含まれており，一層興味をそそられる．なお本書に関しては，神藤浩明の優れた書評がある（神藤(2011)「書評 Keynes on the Wireless: John Maynard Keynes」『社会科学研究』63(3/4), pp.137-144).

- 中野好之 (2000)『評伝バーク──アメリカ独立戦争の時代』みすず書房．

 アイルランド出身の政治家エドマンド・バークの著作は，ケインズの愛読するところであった．同じリベラリズムの信奉者として惹かれるところがあったのだろう．バークの一生もケインズと同じく戦いの一生であった．この評伝を『世界恐慌と英米における諸政策』に続いて読んでみると，ケインズの心象風景をおぼろげながらも察せられるのではなかろうか．

III-2

高橋亀吉・森垣淑『昭和金融恐慌史』

民間エコノミスト二名による昭和金融恐慌の真相究明

内山勝久　UCHIYAMA Katsuhisa

学問的意義

　この書は1927（昭和2）年に発生した金融恐慌を対象にしており，清明会出版部より1968年に320頁ほどの清明会新書として出版された．清明会新書版はすでに絶版となっているが，新たに「解説」を付した上で，誤りの訂正，漢字・仮名遣いの変更などの改訂がなされた版が1993年に講談社から講談社学術文庫として刊行されており，容易に入手可能である．本章もこの講談社版に基づいて記述することにする．

　1920年代には複数回の恐慌が発生しているが，とくに27年に発生した金融恐慌は，書名にもあるとおり「昭和金融恐慌」と呼ばれ，歴史的な位置づけがなされている．1929年秋にアメリカの株価大暴落を発端に世界恐慌が発生したが，その影響を大きく受けた1930年の「昭和恐慌」の発生に至るまでは，この1927年昭和金融恐慌はわが国の経済史上かつてないきわめて大規模かつ深刻な事象であった．なお，「昭和恐

高橋亀吉・森垣淑
『昭和金融恐慌史』
講談社，1993（初版は清明会出版部より1968年刊）

慌」は基本的にこの書の射程の外にあるので詳細には触れられていない．

　昭和金融恐慌をめぐっては詳細な資料も数多く残されており，学術的な研究の蓄積も少なくない．そのなかでこの書の特徴を挙げるとすれば，民間エコノミスト二名による専門書的色彩の強い啓蒙書との位置づけができよう．各種の資料・文献や統計に基づく分析を主体としながらも，新聞・雑誌記事や政府要人の答弁・発言なども多く引用した読みやすい歴史書となっている．この書は著者二名の度重なる検討・協議の上に執筆された「あくまで両名が全責任を負う文字通りの共著である」が，「両名の見解が分かれた若干の部分については，高橋の見解に統一した」(高橋・森垣, 1993, p. 8) とあることから，高橋亀吉の考え方が主体になっていると見るのが妥当かもしれない．

　高橋亀吉（1891-1977）は昭和恐慌時の金解禁をめぐる論争における主役の一人であり，新平価解禁説を主張していた．1918年に東洋経済新報社に入社し，その後この本の分析対象となる期間においては「東洋経済新報」の記者や編集長の任にあった．そこでは上司であった石橋湛山らとともに，実体経済に即した経済運営の提言を行ってきた．26年に東洋経済新報社を退社し，その後在野のエコノミストとして活躍した．経済誌の記者，あるいは早大商科入学前に商売の実務に携わった経験も影響していると思われるが，現実を直視した詳細な観察に基づく実践的な経済評論を展開したことで名声を得た．実践的な経済評論とともに高橋の活動を特徴付けているのが経済史に関する著作である．『大正昭和財界変動史』『日本近代経済形成史』『日本近代経済発達史』（各全3巻）は彼の「経済史三部作」として知られ，経済史家としての側面からの鋭い洞察に富んだ独創的な分析となっている．

　この書における著者の最大の関心は，昭和金融恐慌を誘発した直接的原因よりも，その真相究明にあり，同書の学問的意義もこの点に求められよう．「恐慌の経緯も恐慌対策も，また恐慌のもたらした影響も，普

通の金融恐慌の場合とは著しく異なるものを包蔵している」(前掲書, p. 5) と認識し，その解明を主眼としている．恐慌発生から約40年の時間をおいての執筆となっており，冷静に当時を振り返ることで客観的な叙述を心がけている．

昭和金融恐慌の根本原因

この書は第一部から第三部の三部構成となっており，それぞれの部は複数の章を含み，全体で計9章から成り立っている．第一部「昭和二年金融恐慌の基因」では，昭和金融恐慌を引き起こすことになる各種の構造的要因とその累積過程を詳細に検討・分析している．第二部「昭和二年金融恐慌の誘因と推移」では，第一部で採り上げた各種の歪みが極度に蓄積した経済において，金融恐慌勃発に至る経緯と発生後の対応策が詳述されている．第三部「昭和金融恐慌のわが国経済に及ぼした影響とその歴史的意義」では，昭和金融恐慌がわが国経済に及ぼした影響が整理された後，恐慌の特質，真因，歴史的意義などが検討され，同書全体を総括している．あわせて，この恐慌が不可避であったものなのか，著者の見解が披露されている．

以下では同書の構成に沿って内容を概観するが，著者の主張や政策対応に対する批判が鮮明に表れているところを中心に採り上げよう．

第一部の冒頭では，昭和金融恐慌の根本原因は近代的に成熟していなかったわが国の銀行制度に求められるというこの書全体の結論が述べられ，その解説が展開される．

著者が重視する当時の銀行制度の不備欠陥・前近代性とは，小規模の銀行が乱立し，それらが機関銀行化したこと，すなわち貸付が特定企業に偏るなどの放漫貸付と資金の固定化のことを指す．事業家が資金調達を目的として銀行を経営したり銀行役員が事業会社の役員を兼任したりするなどが頻繁にみられたが，これは銀行経営の健全性に弊害をもたら

すものであった．また，小規模銀行の経営者は地方の名士であることが多く，政治的な色彩を帯びやすかったため，銀行経営が政治と強い結びつきを持つ傾向にあったことも時代にそぐわないと著者は批判した．

続いて1914年の第一次世界大戦勃発時から1923年の関東大震災までの経済状況を振り返り，昭和金融恐慌の原因形成過程が検討される．

大戦に伴う内外需要の急増によりわが国の経済規模は大きく拡大した．その後1919年から大きな戦後景気を迎えたが，この活況は実物投資に裏付けされたものではなく，商品・株式・土地などの投機によるものであったと著者はみる．こうした過度の投機を支えていたのが銀行の放漫貸付であった．また，背景には米国の金解禁の結果として対外債権が正貨として流入し，通貨膨張が生じたこともあった．

翌1920年3月の株価暴落を端緒に経済は恐慌状態に陥り，銀行取り付けも頻発した．当時の財界は，恐慌の原因は一時的な金融の逼迫であったとみており，実際日銀は大規模な金融緩和を実施して鎮静を図った．これに対して著者は実態認識や政策対応が根本的に誤っていると厳しく批判し，本来なすべきことは不良資産処理だったと主張する．

疲弊化していた経済に追い打ちをかけたのが関東大震災であった．企業が打撃を受けたのはもちろんであるが，銀行も貸付金の回収困難や預金の取り付けに見舞われ，流通困難な手形が増加するなど信用の途絶がみられた．政府は震災のために流通不能となった手形を再割引するなどの救済措置を講じたが，震災とは無関係の手形が多数混入していたため，本来整理されるべき企業や銀行を救済する結果となったことを著者は批判する．

このように経済の抜本的整理を怠ったことから健全な経済基盤回復には至らなかった．業績の悪化した企業は銀行との関係を深めざるを得なかったが，その典型が巨大商社鈴木商店と台湾銀行の関係であった．鈴木は台銀を通じて政府に救済資金を出させるなど強い癒着関係にあったが，こうした非近代的性質がわが国経済を毒していたと著者は厳しい批

判を展開する．

旧平価解禁に異を唱える

　第二部前半は金本位制をめぐる議論が主体となっており，著者の関心の一端が示されている．

　弱体化が極まった経済を根本的に整理する打開策は金解禁しかないという論調が 1926 年頃になると財界で高まりをみせた．震災後は復興需要から輸入が急増し，巨額の正貨が流出したため円為替相場が大きく低落した．これは金輸出禁止というある種の異常事態が原因とみなされていた．

　このため金本位制早期復帰への願望が強まったが，旧平価（100 円＝49.846 ドル）解禁を志向していたがゆえに，外国人投資家による投機を招き，円為替相場のさらなる不安定を誘発することとなり，経済の疲弊は一層深刻化するに至った．

　金解禁が経済に与える悪影響を回避する策として，相場の実態に即した新平価解禁論が主張されたが，まったく議論の対象にならなかったのが当時の状況であった．著者の立場は，不良資産処理が進捗しない状況にあっては，旧平価による金解禁は物価下落と正貨流出による金融逼迫に耐えられないというものであり，旧平価解禁論を批判した．また，旧平価による解禁の評価をめぐって，「こうした戦前平価での金本位復帰論は，ひとりわが国の中でのみ支配的であったわけではない．いわゆる強大国は，この主張が支配的であった．周知のようにイギリスでは，ケインズの批判は問題視されず，チャーチル蔵相のもとで猛烈なデフレ政策が敢行されたが，これも来るべき安定にとって当然の甘受すべき代償と考えられていた」（前掲書，p. 142）と，旧平価解禁に異を唱えるケインズの考え方にも言及している．

　後半は昭和金融恐慌勃発の直接的経緯と善後処理が時系列的に記述さ

れている.

　恐慌は三段階で来襲した．第一段階は，震災手形善後処理法案を審議中の 1927 年 3 月 14 日，片岡直温蔵相の渡辺銀行休業に関する失言に端を発した銀行取り付け，第二段階は，台湾銀行の抜本的整理に向けて政府が本腰を入れ始め，そのために台銀が鈴木商店との絶縁に踏みきらざるを得なくなったことが広く社会に知れ渡った（4 月 1 日）ことで発生した銀行取り付けである．第三段階は，4 月 18 日の台銀休業を契機とする全国的な信用パニックである．あらゆる経済活動は阻害され，経済は半ば麻痺状態に陥ることになった．

　著者は台銀と鈴木の癒着関係に着目して当時を振り返る．前述のように，政府は鈴木商店が潰れると台銀も破綻し，その結果日本経済が大混乱に陥ることを懸念したため，鈴木の延命に協力した．世間も鈴木は大きすぎて潰せないから最後は政府が救済するだろうとみていた．金解禁の検討が進むなか，その準備作業として震災手形処理に手が付けられると，鈴木と台銀に対する信用は一段と低下することとなった．それまでの台銀をめぐる金融不安は日銀融資により凌いできたものの，日銀が自らの経営状況を踏まえて，台銀に対して追加融資を拒絶する事態になると，政府は日銀による救済融資が継続可能なように台銀救済緊急勅令の発布を決意した．しかし，これが枢密院に否決されるところとなり，台銀は休業に追い込まれた．

　日銀のこうした判断に対しては批判も多かったが，日銀の「救済銀行」化という従来の政府追随主義を転換するものとして著者は評価している．必要なことは経済の整理であって，これを実施せずに日銀に救済融資を強要すれば事態を悪化させるだけであるという著者の一貫した主張が読み取れる．

中央銀行の使命を逸脱した「救済銀行」化

　第三部で著者は，昭和金融恐慌の特質を一般的な経済恐慌とは異なり，金融界の疲弊が限界に達したことによる信用恐慌としての性格が強かったと指摘したうえで，真の原因を次のように総括している．すなわち，第一に，事態の性格の誤認を起因とする施策の失敗を数度にわたって犯したこと，第二に，経済の徹底的整理を必要とする場合に，逆に救済を名目として誤った弥縫策を続け，経済への悪影響が懸念されるようになるとさらに弥縫策を重ねるに至ったことである．

　特に著者が問題視するのは，第一に，政府が恐慌直前のわが国経済の苦境を過度に軽くみていたこと，第二に，日銀が一国の信用と通貨の安定を図るという中央銀行の使命を逸脱し，政府の命に従った「救済銀行」化していたことである．

　さらに，より重視すべきこととして，前述のように当時のわが国の銀行制度がきわめて前近代的であったことを著者は再度論じている．経営者は資質に欠け，その経営は健全性から著しく逸脱していたこと，金融機構そのものが，過度の投機を抑制する機能において不十分であり，むしろその横行を許すような前近代的な制度だったことを批判している．

　最後に著者は昭和金融恐慌の歴史的意義を次の点に求めている．第一に，新銀行法が制定され（1928年施行）銀行制度の急速な改善が促進されたこと．また，銀行業界の機関銀行的性格，政治家との癒着，資質に欠ける経営者など旧来の経営を改め，非近代的とされた点が払拭されることになったこと．第二に，大財閥支配体制が確立したこと．すなわち，昭和金融恐慌を契機にして，第一次世界大戦中に巨利を得て急拡大した成金企業の多くは整理されることになった一方，三井，三菱，住友等の大財閥は所属銀行の余裕資金によって大きく躍進したことである．著者は「金融恐慌はその産業界に与えた直接的打撃より，こうした迂回しておよぼした影響の方が歴史的に重大な意味をもつのである」（前掲書，

p. 302）と締めくくっている．

臨床学的視点という志向――理論の影響関係

著者の一人である高橋亀吉は，上記のとおり「東洋経済新報」の記者・編集長を務めていたことから，その時々の経済問題に対してタイムリーに主張を発表してきた．高橋は経済に対する視点や分析の角度として，現実を直視すること，実践的であることに強いこだわりを持っていた．専門的経済学者がいわば病理学者だとすると，高橋は臨床学的視点から経済の病を治癒することを志向した．

高橋の経済の見方を特徴付けるもう1つの点が，「経済史三部作」に象徴される歴史的分析である．直面する経済問題に実践的に取り組む一方で，相当の時間を経た後にそれぞれの経緯や帰結を大きな時間の流れのなかで再構成することにも意を注いだ．

こうした実践的，歴史的分析の背景にある経済思想はいかなるものであろうか．現場感覚を重視する高橋には師と呼べる人物が存在しなかったと言われている．しかし，たとえば金解禁問題に関しては，当時高橋は金本位制に復帰するのであれば，新平価で解禁すべきという現実路線を踏まえた主張を展開していた．この書でもイギリスではケインズが旧平価による金本位制復帰を厳しく批判していたこと，ケインズのこの主張は無視されたこと等に言及している．金本位制の問題点について述べられているケインズの『貨幣改革論』（1923年）に高橋が触れていたかどうかは定かでないが，同時代の人物であるケインズの影響を多少なりとも受けていたのではないかと推測される．

1990年代との比較検討は可能か

この書は歴史を記述する論考として，全般にわたって事実関係に依拠

した客観的叙述を中心としつつも，当時の経済運営に対する著者の批判的検討が随所にみられる．本節ではそのいくつかを採り上げて現在への示唆を検討してみたい．

資本蓄積の重視——著者は，これまでにみてきたように，第一次世界大戦後の日本経済の弱体化や行き詰まりを解決するためには，主として経済の抜本的整理によるしかないと考えていた．この本全体を通じて「放漫」「弥縫」といった批判的な意味合いを持つ語を多く目にするが，ここに著者が重きを置いた考えの一端がうかがえる．すなわち，著者は企業や銀行の放漫経営が，大戦期まで長年にわたって蓄積してきた資本を浪費し毀損していったことを構造的問題と捉えていた．しかし，政府の弥縫策の繰り返しによって問題が先送りにされてきたこと，その必然の結果として不良資産処理が遅れ昭和金融恐慌が発生したことなど，構造的要因に基づく事象の経緯を同書に記している．

総じて，著者が放漫経営や弥縫策の弊害としてとりわけ懸念していたことは資本の毀損であったと思われる．換言すれば，著者は健全な資本蓄積の重要性をことのほか強調した．資本蓄積とそれに伴う生産性の向上こそが日本経済の足腰を鍛え国際競争力の強化につながると考えていたため，これを妨げるものは看過しがたかったと読み取ることができよう．

翻って，現在の資本蓄積は十分と言えるだろうか．第二次世界大戦後，高度経済成長期を経てわれわれは確かに豊かになった．一方で右肩上がりの成長を前提とした上での資産の非効率的利用も目立った．現在の低成長や今後の人口減少社会にあって年金資産やインフラの維持更新などストックをめぐる問題は山積していることにわれわれは思いを巡らせる必要がある．

金融システムに対する視点——この書では，銀行制度の前近代性が最大の批判対象となっている．金本位制に基づいて一国の金保有量によって貨幣供給量が制約を受ける金融環境と明治時代以来の銀行制度とを与

件として，当時の銀行は営利の追求を行っていたと理解できる．しかし，経済活動の規模や内容が次第に変化するなかで，著者は旧態依然とした銀行制度に制度疲労という構造的問題を見出し，制度改善を主張する．さらに，銀行制度のありかたに照らして注目に値するのは，著者が経済発展とともに必要となる「信用制度の安定化」と「銀行が有する社会的使命」の重要性を指摘している点であろう．「信用制度の動揺破綻は，事業会社のそれに比べると，はるかに国民経済への影響が強いことはいうまでもない」（前掲書，p. 138）．金融システムは宇沢弘文（1928-2014）が提唱する社会的共通資本（制度資本）であって，市場経済が機能するためにその制度の健全性は不可欠なものと考えられている．著者の視点は営利企業としての銀行ではなく，社会的基盤としての銀行制度に向けられており，宇沢の考え方と整合的である．

現在の金融システムは，かつての「護送船団方式」のような規制や行政介入では信用制度が維持できなくなっているのは言うまでもない．これまでにも金融システム安定化のための制度変更が頻繁に加えられているが，金融危機を封じ込めるには至っていない．危機のたびに加えられる制度変更は，ある種の弥縫策に見えなくもない．

デフレをめぐって———上述のように，1927年の昭和金融恐慌は，第一次世界大戦後の経済における銀行の不良債権処理の不完全および金融システムの機能不全によるところが大きい．他方，1930年に発生した昭和恐慌の原因は，アメリカで発生した世界恐慌の波及と，旧平価による金本位制への復帰と正貨の流出という政策の失敗に求められる．このため両恐慌を異質のものとする考えもある．しかし，連続した時間の流れのなかでは両恐慌を無関係と見るのは必ずしも適切ではないだろう．たとえば昭和恐慌の最大の特徴であるデフレーション（デフレ）は1920年代を通じて恒常的な状態にあった．金本位制への復帰も20年代を通じて検討されていた．この書でも第二部第一章で金解禁を巡る動きについて触れられている．

図1 消費者物価指数の推移

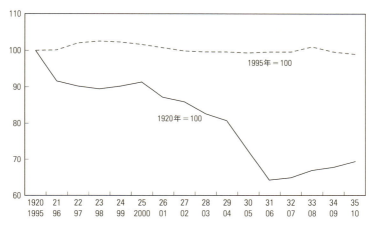

出典：大川一司ほか（1967）『長期経済統計8 物価——推計と分析』東洋経済新報社．総務省統計局「消費者物価指数」．

1990年代後半からのわが国の経済状況を1920年代から昭和恐慌までのデフレと類似するものとして捉え，比較検討することで現在への示唆や処方箋を得ようとする向きもある．当時のデフレの状況として1920年から30年代前半にかけての消費者物価指数の推移を図示しておこう（図1実線）．ここから容易に見て取れるように，1920年から30年までの10年間で消費者物価指数は平均で年率3.2％のペースで低下しており，30年には20年と比べて3割近くも低下していた．デフレについてはGDPデフレーターを参照する必要があるとの議論もあるが，ここでは当時との比較のために現代の消費者物価指数を1995年以降について図示してみる（図1点線）．これを見ると最近の指数は期間全体を通じてたかだか数パーセントの範囲内で変化しているに過ぎず，1920年代とは大きく異なることがわかる．

1920年代は金本位制の下にあり，ヒューム（1711-1776）の正貨流出入メカニズムが機能するという強い信念があった（正貨流出入メカニズムとは，一国の正貨（金）保有量の変動は通貨供給量の変動を通じて物価の変動をもた

らし，貿易面での競争優位性が変化して貿易収支が変動する．これにより正貨（金）の流出入が生じ当該国の正貨（金）保有量が変動して物価の調整が起こる．こうした調整は貿易収支が均衡するまで続き，正貨（金）の配分が決定される，という説である）．当時の金融政策は正貨に制約されていたため，現在のような自由な調節は不可能であり，これが昭和恐慌を深刻なものとした．物価水準など現実に観察された経済状態や通貨制度の違いなど，前提の異なる両時代を比較して何らかの結論が得られたとしても，そこからの示唆は乏しい可能性もあることに留意したい．

読書案内

昭和金融恐慌とその後の昭和恐慌を含む1920〜30年代の日本の政治経済に対する理解を深めるための素材として，以下の3冊を挙げておきたい．いずれも『昭和金融恐慌史』を補完する書籍として有用である．

- 高橋亀吉（1954-55）『大正昭和財界変動史』上・中・下，東洋経済新報社．

  高橋亀吉の経済史家としての側面を示す「経済史三部作」のうち最初に著された書籍であり，上中下の3分冊で構成される．著者によると当初は第二次世界大戦後の日本経済の再建に貢献しようと昭和経済史をとりまとめる予定だったが，昭和経済史を理解するためには大正経済史の理解が不可欠との結論に達したのが同書執筆の動機となっている．関連資料が乏しいなか，文献や統計の他に新聞・雑誌記事なども駆使し，著者の持ち味である実践的な経済分析の特徴も加味されている．

- 長幸男（1973）『昭和恐慌――日本ファシズム前夜』岩波書店．

  金解禁と昭和恐慌を巡る諸問題をテーマにした新書である．特徴としては経済現象のみならず政治的動向あるいは経済思想からの考察に

も重点が置かれており，この時期の時代背景を理解するのに相応しいと思われる．
- 橋本寿朗（1984）『大恐慌期の日本資本主義』東京大学出版会．

 日本経済を専門とする研究者による学術書．第二次世界大戦後の高度経済成長を客観的に分析するには戦前の昭和恐慌期の客観的分析が不可欠との問題意識は『大正昭和財界変動史』と同様だが，同書がやや網羅的なのに対して，橋本の書は資本主義の変質過程やその歴史的意義の理解に軸足を置いている点に特徴がある．

III-3

石橋湛山『石橋湛山評論集』

日本にケインズを
いち早く紹介した先覚者

薄井充裕 USUI Mitsuhiro

石橋湛山の人物像

　日本においてケインズの著作をいち早く紹介した先覚者が石橋湛山である．彼は主筆であった『東洋経済新報』の社説「戦争に勝てる者」(1920年3月27日号）で，ケインズの『平和の経済的帰結』(1919年）を公刊わずか3か月後に取り上げている．

　また，塩野谷九十九「石橋さんとケインズ」(『石橋湛山──人と思想』東洋経済新報社，1974年）によれば，後年，九州一円の講演会に同行した東洋経済新報社斎藤幸治九州支局長の談として「（……）朝早く宿舎へうかがうと，石橋さんはいつも必ず机の前に端座され，洋書を熱心に読みふけっていた．それはケインズの『一般理論』であった」とのエピソードを紹介しつつ，「『一般理論』の翻訳を私にすすめて下さったのも石橋さんであったし，私の翻訳を促進するためにケインズ研究会を組織して下さったのも，石橋さんであった」との文章を寄せている．このよう

石橋湛山
『石橋湛山評論集』
松尾尊兊編，岩波書店，1984

に，石橋湛山はわが国におけるケインズ受容で自ら先鞭をつけるとともに後進を育てた言論人であった．

　石橋湛山（1884-1973）は，日本を代表するジャーナリストであり，戦後は政治家に転身して大蔵大臣，通商産業大臣等を歴任の後，病をえてわずか2か月ではあったが内閣総理大臣まで経験した人物である．また，ケインズ（1883-1946）とは1歳下の同時代人であり，ケインズの思想を深く学んでいた．本章では『石橋湛山評論集』（以下『論集』という）を取り上げ，所収されている論考の内容，その思想の特色を見るとともに，現代のわれわれに与えてくれる示唆を考えてみたい．

　『論集』は戦前・戦中の評論が大半を占めている．石橋湛山の人生の歩みを概観すれば，約二十数年の青年時代の研鑽期ののち，約40年（うち約35年を東洋経済新報社に勤務し），硬骨のジャーナリストとして活躍した．

　敗戦を契機として還暦をすぎてから政界に身をおき，その後約20年を第一線の政治家として過ごし，晩年は日中，日ソの架け橋として重要な活動をした．当時としては長命で米寿で逝去したので，日清戦争から第二次世界大戦をへて，日米安全保障条約の締結（60年安保）とその延長（70年安保）にいたる，まさに激動の時代を生きぬいた人物である．

　石橋湛山のリベラリストとしての考え方には時代をリードする先進性があった．たとえば女性の社会進出について，『論集』では「問題の社会化」（1912年），「婦人を社会的に活動せしめよ　婦人参政権の台頭」（1924年）などの評論のほか随所で，婦人の地位向上，社会進出の必要性を説くが，これは石橋湛山に一貫した考え方であり，たとえば，以下の一文にその要約をみることができる．

　　我が社会の速やかにその良妻賢母主義の教育を廃し，而して彼ら婦
　　人をば一日も早く社会上経済上の彼らの地位を自覚し，これに処す
　　るの途を講じ得るが如き者にする手段を採らんことを希望する者で

ある．(石橋「維新後婦人に対する観念の変遷」1912年)

　リベラリズムに基づく人権論は女性の社会的地位の向上にとどまらない．在日外国人問題(「鮮人暴動に対する理解」1919年，「精神の振興とは　ほか」1923年)，同和問題(「直訴兵卒の軍法会議と特殊部落問題」1927年)，公務員のスト権(「罷業を悪まば　ほか」1919年) など，その権利に関し，男女の別のほか当時にあっての内外・身分・職業の別を一切許さず果敢に問題を提起している (一部不適切な表現があるが，原題のママの記載であることをお断りしておきたい——筆者注)．

　さらに，個人の権利を確保するために，政治制度としては普通選挙の実施を主張し (「犬養・尾崎両氏に与う」1913年)，真の政党政治の実現 (「代議政治の論理」1915年および「帝国議会を年中常設とすべし」1916年) を求めていく．

　このように人間を階序的に位置づけないという信念，「個」の立場を徹底して尊重するという石橋湛山の考え方は，初期の論集から晩年まで一貫している．

地方分権論——中央集権から分権主義へ

　次に石橋湛山の地方分権論を見てみよう．「個」の重視，そこから導かれる社会における権利と義務の行使については，日本の行政制度においてどう考えられるべきか．それは，中央政府からの過度な介入を排除して，地方分権を推進する論理に結実していく．石橋湛山は1924年に鎌倉町町会議員になるが，以下の文章はほぼ同時期に書かれたものである．

　　政治が国民自らの手に帰するとは，一はかくして最もよくその要求を達成し得る政治を行い，一はかくして最もよくその政治を監督し

得る意味にほかならない．このためには，政治は出来るだけ地方分権でなくてはならぬ．出来るだけその地方地方の要求に応じ得るものでなくてはならぬ．現に活社会に敏腕に振るまいつつある最も優秀な人材を自由に行政の中心に立たしめ得る制度でなくてはならぬ．ここに勢い，これまでの官僚的政治につきものの中央集権，画一主義，官僚万能主義（特に文官任用令の如き）というが如き行政制度は，根本的改革の必要に迫られざるを得ない．（「行政改革の根本主義 中央集権から分権主義へ」1924年）

　明治以降の官僚制について，揺籃期としてはその必要性を認めつつも，次第にそれが硬直化し「国民（のため）の政治」ではなく，「官僚（のため）の政治」になっていることを，石橋湛山は以上のように批判する．すでに，各地方の民力が十分に向上していることをもって，地方自治そのものの「自立」を説いている．
　地方分権のためには財源論は避けて通れない．当時，国税・府県税が租税収入の約8割を占めていることを問題として，一般には反対の強かった「市町村に地租営業税を移譲すべし」（1925年）という主張を行っている．
　さらに，これにとどまらず同論説において，府県の仕事を2つに分解し，①真の地方事業：土木，教育，勧業（産業政策——筆者注）等の大部分および警察の一部（行政警察），②上記①の大局からみた統一（広域化，総合化）と司法警察等として，①は市町村およびその連合団体に，②は中央政府の出張所へ委譲せよとする．
　今日的に言えば，基礎的自治体としての市町村を「個」に見立てて，市町村とその広域連合等への抜本的な権限の委譲を行うことを主眼とするものであり，その結果は都道府県の廃止を意味する．当時の郡制廃止をテコとして，それを一層推し進めようとする考え方である．
　また，敗戦後のシャウプ勧告をもって，固定資産税など地方への税源

委譲が行われることとなったが，上記論考が書かれたのは1925年であり，いかにその指摘が早かったかを知ることができる．

地方分権体制整備は永きにわたって議論されながら，いまだその出口が見えない状況にある．石橋湛山の提起した問題は，現在もなお「仕掛かり」のままであるともいえよう．

国家観——小国家主義

「個」の重視や地方分権についての考え方は，敷衍されて国家についても適用される．そこから，石橋湛山の生きた時代にあっては，極めて少数派に属する独自の「小国家主義」が導かれる．彼が働いていた出版社の先輩，同僚をふくめて，潜在的には同じ考え方をもっていた一部知識人はいた．そうした人々が『東洋経済新報』の記者および読者として雑誌を支えたからこそ，戦中・戦後の物心両面で厳しい時代にあっても一定の販売ができ休廃刊をまぬがれたともいわれる．

しかし，少数派であることをむしろ誇りとし論壇で世に見解を問い続けたという粘り強い実践において，石橋湛山はいかにもユニークな存在であった．

日清，日露の両戦争に辛くも勝ち，中国大陸への進出の足場を築いた日本において，当時の欧米列強同様に大日本帝国の呼称のもと，植民地主義，拡張主義を是とする「大国家主義」をとることは，軍部の台頭，政党政治の形骸化を背景として，いわば時代の潮流となっていった．

この風潮に対して，石橋湛山は真っ向から反対意見を表明し，民族自決原則のもとで，他国への侵略そのものを否定する．

> 朝鮮・台湾・樺太も棄てる覚悟をしろ．支那や，シベリアに対する干渉は，勿論やめろ．これ実に対太平洋会議策の根本なり．（「大日本主義の幻想」1921年）

と主張する石橋湛山は，あらかじめ2つの批判があることを措定する．

① 経済上，国防上の自立のため．少なくともその脅威に備えるため．
② 列強が領土の拡張を求めている．米国は広大な国土をもっている．よって，日本のみこれを棄てることは不公平である．

　前者は一種の防衛ライン論，後者は弱肉強食の帝国主義時代にあっての勢力均衡（balance of power）論であるが，対して石橋湛山は前者は「幻想」であり，後者は「小欲に因えられ，大欲を遂ぐるの途を知らざるものである」と一蹴するのである．
　ここでいう「幻想」については，ノーマン・エンジェルの『大いなる幻想』（1910年）からの引用で，戦争による経済的利益がないことを主張したものであり，また「小欲に因えられ，大欲を遂ぐるの途を知らざるものである」は石橋湛山が幼少より深く帰依した日蓮に代表される仏教的思想がその背景にある．
　内容を見ると，①ではむしろ紛争の火種を「内」（周辺部）に抱えるだけであり，②については貿易上のメリットが生じていないこと等を具体的な数字をあげて丹念にふれたうえで，「大日本主義，即ち日本本土以外に，領土もしくは勢力範囲を拡張せんとする政策が，経済上，軍事上，価値なきこと」を繰り返し述べている．
　その一方，アジア諸国を中心に民族自決の考え方を広く世界に訴え，「自由解放の世界的盟主として，背後に東洋ないし世界からの心からの支持」をえることこそが「大欲を遂ぐるの途」という論説を展開するのである．それは，歴史的，文化的な特質，あるいは民族固有の生活習慣や基底にある価値観が異なる各国，各地域の自立性をあくまでも尊重するという考え方であり，他国からの侵略を否定するとともに，「我に移民の要なし」（1913年）では，移民政策そのものについても批判的な考え

方を表明している．

　時代は下って敗戦を迎えた直後，石橋湛山は意気軒昂として「更正日本の門出前途は実に洋々たり」と宣言する．日本は，ポツダム宣言，降伏条件受諾により，

> 従来の日本帝国の総面積は，関東州および南洋委任統治領を加えて約68.1万km^{2}であったが，それが大よそ37万km^{2}に減ずるであろう（琉球および千島も失うものとして）．すなわち，その失うところは31万km^{2}であって（……），実に容易ならざる変化である．（「更生日本の針路」1945年）

　だが「大日本主義の幻想」執筆後，約四半世紀にわたって「小国家主義」を抱いてきた石橋湛山にとっては，この状況は少しも落胆するものではなく，むしろこれによって本来のあるべき姿にもどったのだと説く．そして，縮小した国土のなかで，復員による人口増を念頭に，戦後の復興への道として，第一に「国内の自給経済に利用する方法」，第二に「外国貿易を利用する方法」を示し，「国民の工夫と努力しだいで」その達成が可能であることを強調している．

　国家権力に対して批判精神を忘れず，強い信念に基づき自らの「小国家主義」を再び掲げ，敗戦直後，文字通り，国破れて山河ありの打ちのめされた日本において，悲観する必要はない，むしろ普通のあるべき姿に戻ったにすぎないのだと力強い第一声をあげたことが，当時の日本人をどれほど勇気づけるものであったことか．石橋湛山の真骨頂，ここにありといえよう．

経済政策——積極財政主義

　一方，石橋湛山の経済政策については，『論集』において多くは取り

上げられていない．経済史の文脈において，戦中に語ったもの（「百年戦争の予想」1941 年）などはあるが，ここでは戦時の言論統制下，逆説的な比喩を用いて非侵略主義，不戦主義を滲ませていることが重要だろう．

また，不戦の誓いを裏付けるものとして「戦争は経済的にみて間尺にあわない」という考え方を繰り返し表明している．戦争による経済の一時的拡大は，その終結によって大きな反動を覚悟せねばならず，また，仮に戦勝国となったとしても賠償によって疲弊分を十分に取り返すことはできない．

道義的にみて導かれる不戦の誓いではあるが，そのためには経済的リアリズムと経済学的な理論的バックボーンが不可欠と石橋湛山は考えていた．まして，敗戦後の日本のように，社会的，経済的資本ストックが大きく毀損された状況においては，産業の復興，貿易の拡大，国民生活の安定からみても不戦の誓い，非軍事化の必要性は尚更であった．

第一次世界大戦後のドイツの復興について，ケインズが『平和の経済的帰結』で主張した考え方（ドイツを追い込むな）がここに生かされている．石橋湛山は「ケインズならどう考えるか」との問いを常に周辺に発していたという．戦後の経済政策立案においても若き日から親しんだケインズの著作の影響は大きかった．

『論集』において，経済政策の論文等があまり取り上げられていないのは，当時の政治家としては，世界の政治経済状況をよく理解し，硬派の積極財政論者であったとしても，政敵との対立点の強調や政治的妥協などもあって，論考という観点では「理論的」に際立ったものではないからかもしれない．

石橋湛山の経済政策は，積極財政主義をもって知られるが，その基本の考え方については，金解禁にあたって共に購買力平価説に基づく「新平価」水準を主張した『東洋経済』系エコノミスト，高橋亀吉の方がより明快であるように思われる．以下は高橋の整理した「戦後経済の 5 大改革」であり，これは石橋湛山の経済政策のアウトラインと重なる．

① 植民地経済が解放された.
② 技術革命と資源分布の変化によって,各国の地位に変化が生じた.
③ 政府の国民経済に対する任務あるいは責任ということについての考え方が大きく変わって,国民生活の安定と向上を政治の重要責務と考えるようになった.
④ 金本位制が崩壊して管理通貨制となった.
⑤ さらに政府が,現在の政府に課せられている責任を果たすために,財政そのものを経済政策の有力な手段として利用するようになった.従前には金融政策だけで経済を運営し,調節していこうとしていたが,金融と財政とは,経済運営手段として恒常的に車の両輪として運用されなければならないと考えるようになった.
(高橋亀吉『日本経済の診断と対策』ダイヤモンド社,1967年.なお,本書Ⅲ-2高橋・森『昭和金融恐慌史』もあわせて参照されたい)

　国内政策においては,金融政策に過度に依存せず,財政の積極的な発動による経済対策を打つとともに,日本の民力を信じて,資源(石炭)の確保と産業振興・技術革新(傾斜生産方式)により経済の再建を第一とする.
　石橋湛山の蔵相時代の事務次官は池田勇人であった.後の池田内閣における所得倍増計画のプレリュードをここにみることもあるいは可能かも知れない.
　外交政策においては,平和原則を掲げ,各国外交において一切の排除原則を設けず,日米関係(当初は反対を表明したがその後,認知した日米安全保障条約)を基軸としつつも,ソ連,中国など周辺国との関係をとりわけ重視する.
　それは,国内の経済政策の実現のためにも,安定的な外交政策は不可

欠であるという認識が強かったからであろう．

外交政策

　生涯自ら一ジャーナリストとしての矜持を持ち続けた石橋湛山の著作を読むと，筋金入りのリベラリストとしての生き方が鮮烈に映る．

　その一方で，抽象的，情緒的なリベラリズムに対して石橋湛山は一線を画す．現実の生活に即した「個」の尊重こそが基盤であり，その考え方が地方分権などの行政改革論にも，自由貿易のなかでの経済政策にも，外交における平和国家のあり方にもそのまま準用される．いずれの評論も今日読んで，古さを感じないどころか，提起されている諸問題が解決途上にあることを痛感する．

　また，持論の「小国家主義」は，現在の国防や憲法改正などの議論に関しても，日本人すべてが拳拳服膺してみる必要性があると思う．石橋湛山は，政治リアリストとして一定の防衛力そのものは否定していないが，その前提に立っての，次の一文は晩年の一徹ぶりを示すものである．

　　わが国の独立と安全を守るために，軍備の拡張という国力を消耗するような考えでいったら，国防を全うすることができないばかりでなく，国を滅ぼす．したがって，そういう考え方をもった政治家に政治を託すわけにはいかない．（「日本防衛論」1968年）

　石橋湛山は，広島，長崎への原爆投下によって衝撃を受け，従来の通常兵器の増強による軍事力拡大が，外交上のプレゼンスとして無力化を余儀なくされるという認識を強くする．敗戦後は，対米一辺倒の外交政策には反対し，地政学的な日本の位置も考慮のうえ，中国，ソ連との全方位の外交をめざす．それが「日中米ソ平和同盟」の提唱となる．

1959年9月9日から同月20日，石橋湛山は中国を訪れ周恩来総理と会談し「石橋・周共同コミュニケ」を発表する．当時，米中および日中関係は台湾の帰属問題を巡って緊張関係が高まっており，岸内閣が日米安全保障条約締結に向けて面舵をきっていたこともあって，その交渉は厳しいものがあった．以下はその直後の文章である．

> 中国との国交の打開をも速やかに実現すべきである．日本がぼんやりしている間に，英国や西独が中国貿易にどしどし点数をかせいでいる事実を忘れてはならぬ．
> 全人類の四分の一にも達する隣の大国が，今ちょうど日本の明治維新のような勢いで建設の途上にある．それをやがて破綻するだろうと期待したり，また向こうから頭を下げてくるまで待とうとするような態度が，はたして健康な外交であろうか．戦後15年を経て，すでに戦後の時代は去ったようにいう人もあるが，今次大戦の中心は中国にあったのであり，その日中戦争を終息せしむることこそ戦争終結のための最大の課題ではないか．（「池田外交路線に望む」1960年）

　半世紀以上前に書かれた文章ながら，今日の日中関係を考えるうえで示唆に富む．石橋湛山の戦前，戦後の一貫した言動を中国サイドはつぶさに研究しており，周恩来は鳩山，石橋の両首相の外交政策を注視していた．特に，鳩山一郎逝去後，高齢の石橋湛山に現状打破の期待をかけていた．

　真のリベラリストにして，国際政治のリアリズムを熟知したうえで平和主義を提唱するに至った石橋湛山．日中関係の友好化に関して，その努力が実るのは彼の死の前年1972年9月29日田中角栄と周恩来による「日本国政府と中華人民共和国政府の共同声明」（日中共同声明）によってであった．

今後の日米・日中・日ロ関係を考える時，石橋湛山の考え方と言動，そして晩年の行動の軌跡を，外交関係者のみならずわれわれ自身，いまこそ冷静に振り返ってみる必要があるだろう．

読書案内

- 日蓮（2008）『立正安国論』佐藤弘夫（全訳注），講談社学術文庫.

　　石橋湛山の思想の形成は，若き頃から親しんだ日蓮に負うところが大きい．困難や弾圧に直面すればするほど，バネのように反発する不撓不屈の精神力は，日蓮への日頃の傾倒から養われた．一方，『立正安国論』は在野の知識人（僧侶）によって書かれた優れた政治評論でもある．時代こそ異なれ，ここでも，ジャーナリスト石橋湛山は先駆者日蓮の後を追っている．

- 中村隆英（2012）『昭和史』上・下，東洋経済新報社.

　　昭和史において石橋湛山の言論の意味，政治家としての功績などを明確に位置付けている労作（下巻第 5 章「占領・民主化・復興」，第 6 章「もはや戦後ではない」に詳しい）．中村の著作では，経済史を中心とした『昭和経済史』（岩波書店，1986 年），昭和恐慌に時代を絞った『昭和恐慌と経済政策』（講談社学術文庫，1994 年）でも石橋湛山について折々に触れられている．

- 鳥羽欣一郎（1992）『生涯現役──エコノミスト高橋亀吉』東洋経済新報社.

　　本文中でも引用した高橋亀吉は，日本の民間エコノミストの嚆矢と自他ともに認める人物であり，石橋湛山と同じく「東洋経済」でグスタフ・カッセルなどを独習し，30 代から健筆をふるった．その後，単身独立し終生，市井にあって第一級の経済評論家として活動した．その歩む道こそ異なれ，後年，石橋経済政策のブレーンとしても活躍した．同時代にあって，二人の生きざまの比較もまたおもしろい．

IV

ケインズの同時代人

IV-1

J. M. ケインズ『人物評伝』

人物評伝の達人でもあった ケインズの分析力

堀内昭義 HORIUCHI Akiyoshi

交流のあった人物の伝記・評伝

　この書物は，ジョン・メイナード・ケインズが1933年に発表した評伝集に，1936年以降に彼が記したスタンリー・ジェボンズ，アイザック・ニュートン，そしてメアリー・マーシャルに関するエッセイを付け加えた評伝集である．最終的には，ジョフリー・ケインズが編纂の労をとっており，1951年に出版された．

　言うまでもなくケインズは，『雇用・利子および貨幣の一般理論』(1936年)によって伝統的な経済理論に新風を吹き込んだ人物として非常に高名である．同時に，彼は人物評伝の達人としても知られており，彼自身の多くの著書に，彼が何らかのかたちで交流のあった人物の伝記や評伝が散りばめられているばかりではなく，この『人物評伝』に取り上げら

ジョン・メイナード・ケインズ
『ケインズ全集　第10巻　人物評伝』
大野忠男訳，東洋経済新報社，1980
Keynes, J. M. (2012). *Essays in Biography*. The Collected Writings of John Maynard Keynes X. Cambridge: Cambridge University Press.

れているようなかたちで（主として経済学者を対象とした）彼のエッセイの対象となるものも少なくなかった．その多くには，対象となった人物を彼の冷徹とも言うべき分析対象とし，徹底した解体が進められたと言えるものが含まれている．そのことが同時に，ケインズ自身の経済学の重要な一面を示すものにもなっている．実際，この評伝集も，そのような彼一流の鋭い筆の運びが随所にみられるものであり，ケインズの独特の分析力，あるいは評価能力を味わいたいという人々にとっては格好の読み物である．

　以下本章では，ケインズの著書に沿って，簡単に内容を紹介したうえで，筆者なりの感想を付け加えることによって，責務を全うしたい．

政治家素描――「四頭会議，パリ，1919年」および「ロイド・ジョージ」

　第一部「政治家素描」は，主に1920年代に執筆された比較的短い人物評伝からなっている．最初の「四頭会議」は第一次世界大戦後にパリで執り行われた戦勝国イギリス，アメリカ，フランス，イタリアの首脳の会談に関するケインズの印象記である．しかし，よく知られているように，ケインズ自身がイギリスの大蔵省の代表の一人として，この首脳会議に出席しており，とくにドイツに対する戦勝国側の苛烈な態度に強く反対して，結局は会議から降りている．それだけに，首脳会談に参加した首脳たち，とくにクレマンソー，ロイド・ジョージ，ウィルソンの判断や態度についてのケインズの叙述は，当然のことながら，厳しいものである．ただしここでは，主にクレマンソーとウィルソンとが俎上に載せられており，ロイド・ジョージについては，次の章で別途取り上げられている．

　クレマンソーはフランスの代表としてパリ会議に出席し，明確な意図をもって会議をリードした人物である．彼の目的はドイツに対する手厳しい懲罰であり，四頭会議においても（口数は少なかったものの）この目

的を一歩も譲ろうとしなかった．イギリス首相ロイド・ジョージは，しばしば自分自身の（英語での）発言の後に，クレマンソーの席に近寄って，彼の発言の意味を付け加えようとしたが，そのような英国首相の態度が会議全体を混乱させ，議場が無秩序な状況を呈したとケインズは述べている．またクレマンソーは，国際連盟の設立に関する提案には非常に後ろ向きであった．結局，彼の，そしてフランスの，ドイツに対する過酷な主張が採用されたことは，長い目で見れば，世界にとって不幸なことであった．ケインズ自身のこうした判断は，第二次大戦のはるか以前に示されたものであるが，1930年代から40年代のヨーロッパの情勢を的確に予測するものであったと言える．

一方，アメリカを代表するウィルソン大統領は，栄光ある平和の使者として多くの人々の期待を集めていた．しかしケインズによれば，彼は大学人として人生を送ってきた人間であり，国際会議を主導するという役割を演じることはできなかった．会議の冒頭にあっては，ウィルソン大統領が国際連盟の設立や14か条の講和条約の提案を行うものと期待されていた．しかし実際のところ，彼がそのような提案を明確に持っていたわけではないとケインズは述べている．ウィルソンはヨーロッパの事情に不案内であり，その現実処理について，ロイド・ジョージと同様に融通が利かなかった．ケインズ自身は国際連盟の設立に期待を寄せていたようであるが，結局，アメリカ合衆国は連盟に参加せず，その意味でも，会議は不完全なものに終わったのである．

パリの四頭会談が，結果的に期待外れのものに終わったことについては，イギリスの代表であったロイド・ジョージ首相にも当然責任がある．ケインズは，ロイド・ジョージのパリ会議における言動を批判的に解説している．ケインズの説明では，イギリスとアメリカは第一次大戦後の講和条約の内容について，ほぼ同じ見解を持っていた．しかしロイド・ジョージは，結局はドイツを厳しく罰すべきとするクレマンソーの主張に同意することによって，ウィルソンとの当初の合意を裏切ること

になった．このようなロイド・ジョージの態度が，なぜ生まれたのか．ケインズは，ロイド・ジョージに会議に臨む明確な目的がなく，何よりも早く本国に戻りたいと希望していたことにその原因，あるいは遠因があったと述べている．

ボナー・ロー氏，オックスフォード卿，エドウィン・モンテギュー

　続く3つの章は3人の政治家に関する短い評論である．これらの人物は，いずれも1900年頃から1920年代にかけて，イギリスの政治の中心にあって，英国の運命を握る立場にあった．ボナー・ローについては，彼が死の直前に首相の地位を退かざるを得なかった機会（1923年4月）に書かれたものである．ケインズはローの死を既に確信しており，その首相としての仕事に最大限の称賛をし，とりわけローの政治家としての冷静な判断に言及している．

　オックスフォード卿についても，彼の死の直後に書かれたものであり，政治家としての彼の人間性に触れるものである．ケインズによれば，オックスフォード卿は保守党の総裁として，非常に重要な役割を果たした．しかし彼の特徴は，表立った役割においてよりも，日常的な生活における冷静沈着，かつ無口な態度に表現されていると言える．とりわけ，ケインズはオックスフォード卿が学問の動向に興味を示しており，自分の書庫に強い愛着を持つ読書家であったと述べている．

　ケインズは，エドウィン・モンテギューについて，多くの新聞記事が彼の人格を的確に評価していないことに苦言を呈している．彼自身は政治家としての野心を持っていたが，結局はロイド・ジョージがその希望を破滅させたとケインズは書いている．彼の業績と言ってよいものは，インド問題に深くコミットしたことであり，インド人民との本能的な相互理解がそのことを支えたとケインズは述べている．

ウィンストン・チャーチル

　チャーチルはわれわれ日本人にも比較的なじみのある政治家であるが，それは主に第二次大戦時におけるイギリス首相としての彼の経歴によるものである．しかし，ケインズがこの書物で取り上げているのは，チャーチルが第一次大戦後に執筆した『世界の危機（*World Crisis*）』（1923年）と題する長大な著書である．この著書の中でチャーチルが取り上げているのは主にイギリスの軍事的な活動における軍部と政治家の役割の比較であった．

　まず「戦争論」においては，チャーチルはイギリス軍部の戦時態勢全般についての考えがひどく間違っていたこと，それに反して政治家たち（具体的には，アスキス，ロイド・ジョージ，バルフォアなど）が比較的的確な判断をもっていたと述べている．チャーチルの言葉を借りれば，「どこの国でも軍事政策一般について，専門の軍人は誤っていたのに対して，政治家たちは一般に正しかった」と言えるというわけである．ただし，このチャーチルの結論をケインズ自身がどのように見るのかははっきりとは示されていない．

　一方，後半の「講和論」では，チャーチルは第一次大戦直後の混乱を描いている．具体的には，講和条約，ロシア革命，アイルランド暴動，ギリシャ・トルコ間の紛争の4つが対象となっている．しかし，ケインズの考えでは，チャーチルはもっと突っ込んだ書き方をすべきだったのである．たとえば，戦後のドイツの復興に力を貸さなかったロイド・ジョージの態度，あるいはアメリカ大統領の拒否的な態度が問題の解決を促さなかったというケインズの判断につながっている．このあたりのケインズの叙述については，この書物の第一章，第二章を合わせ読むことによって，さらに明確になるであろう．

「偉大なヴィリアーズの一族」および「トロッキーのイギリス論」

　本書の第一部には，このほかに「偉大なヴィリアーズの一族」と「トロッキーのイギリス論」が収録されている．このうち前者は，イギリスにおける著名な家系の複雑・多岐な関係が，ヴィリアーズ家の家系図などを中心として述べられている．古くからイギリス社会で高い位置を占めているいくつかの家系が，実は，相互にかなり密接な関係にあるという事実は，ある種の人々にとっては興味ある事実であるかもしれない．しかし筆者には，あまり関心の持てる事柄ではなかった．

　一方，後者は，若き日のトロッキーのイギリス社会に関する見方を紹介したものである．トロッキーは，革命を明確な目的としないイギリス労働党を痛烈に批判し，暴力革命の必要性を声高に主張している．ケインズ自身も当時のイギリスの国情を満足に思っていたわけではない．しかし，労働者が置かれている状況をどのように改善すべきかを考えるに当たって，ケインズは，トロッキーが主張するようなロシア式の暴力革命をまったく是認していない．この点は，今日においても変わりがない．ケインズはこのレヴューを執筆した1926年に，すでに1930年代前後からロシアに吹き荒れていた圧制というかたちの革命を，実は予想していたのかもしれない．

経済学者の伝記

　評伝集の第二部は，ケインズ自身の専門とした学問分野において，様々な形で業績を成し遂げた，ロバート・マルサス，アルフレッド・マーシャル，F. Y. エッジワース，そしてF. P. ラムゼーを取り上げている．この第二部のエッセイはいずれも，短いものではあるものの，それぞれの人物の生涯を概観するかたちをとっており，いずれの章もケインズの価値観をも含んだ優れた人物評伝になっていると思う．

ロバート・マルサス（1766—1835）

　ロバートの父ダニエル・マルサスは，彼の屋敷に，当時著名人であったジャン＝ジャック・ルソーやデイヴィッド・ヒュームを招いており，その際に，ルソーは誕生したばかりのロバートにも会っていたであろうとケインズは書いている．一部の記録では，ダニエルはルソーの遺稿管理者であったともされている．

　ロバート・マルサスは，父ダニエルや家庭教師による教育を経て，ケンブリッジ大学で教育を受け，1793年にフェローの地位についている．同時に，ケインズによれば，1788年頃に彼は牧師補になっている．彼は1789年に『将来における社会の改善に与える影響から見た，人口の原理にかんする一論』を匿名で刊行したが，この書物は，ケインズの時代に至るまで，多くの方面で論争を惹起したものであった．さらに1800年には，『現時における食糧の高価格の原因にかんする研究』を出版した．マルサス自身は，この本において，やや漠然としたかたちではあるが，一国の物価と利潤が「有効需要」によって決定されると主張した．

　マルサスはこの当時，リカードとの交友関係を深めていたが，リカードはより厳格な理論構成によってモデルを作成し，マルサスの思考を上回る発想を示したとも考えられる．しかしケインズによれば，当時の貧困問題を考える上では，マルサスの思考方法の方が，現実に直面する方法として有用であった．両者の交信は，彼らの時代に続く時代における経済学の進展に重要な影響を及ぼしたと考えられる．その過程で，マルサスが依拠した思考方法，つまり直観的な判断に基づいて現下の経済問題に焦点を合わせるという方法が失われ，厳密な体系を組み立てて，非常に一般的な形で問題を論じるという，いわゆる新古典派タイプの議論，すなわちそれがリカードの目指す方法であったのであるが，その手法が生き残ったとケインズは考えている．ケインズ自身は，このような

結果をもたらしたマルサスとリカードの交流を，非常に残念なことがらであったとしている．後年，ケインズはマルサスの手法に依拠しつつ，マクロ経済学に関する金字塔を構築したと言えるのである．

アルフレッド・マーシャル（1842—1924）

　アルフレッドの父ウィリアム・マーシャルはイングランド銀行の出納掛であったが，家族には横暴で，その影響が息子アルフレッドの人間形成にも影響を及ぼしているとケインズは書いている．マーシャルの父は貧しかったので，彼の高等教育はオーストラリアで財産を成したアルフレッドの叔父からの借り入れで賄われた．

　1865年にケンブリッジのセント・ジョンズの数学科卒業試験に見事な成績で合格し，ケンブリッジ大学の数学科優等卒業試験の指導に当たる．同時に，彼の先祖にはかなり高名な聖職者がいたにもかかわらず，彼自身は聖職叙任の希望から離れるようになる．ただし，マーシャルは生涯を通じて牧師としての資格を認識する人生を送ったと，ケインズは述べている．

　彼は1875年にアメリカを訪問するが，その訪問を通じて経済学の内実をいっそう正確に理解するとともに，アメリカという国がやがて世界をリードする経済の雄になることを予測している．またケインズの父であるジョン・ネヴィル・ケインズは，この時期に同僚，あるいは後輩として，マーシャルと密接な交流を持ったとされている．1877年にメアリー・ベイリーと結婚し，ブリストルのユニヴァーシティ・カレッジの初代学寮長となる．この当時，メアリーは婦人学生に対して経済学を教えていたが，マーシャルは彼女に協力して，テキスト・ブックを執筆している．

　ケインズが述べているように，マーシャルは経済学の体系を，1870年代から80年代にかけて徐々に作り上げていったのであるが，それを

明確な形で執筆することはしなかった．ケインズによれば，マーシャルはアダム・スミスやリカードの考え方を基礎に置きながらも，1875年までにはそれをほぼ完成させていたのである．たとえば，ジェボンズの限界概念の発明に関する発表は1871年であったが，この概念はマーシャルにとっては既知のものであった．しかし，それが彼の文書として姿を示すのは1923年の『貨幣，信用および商業』を待たなければならなかった．それでも，彼の体系は講義や学生との対話を通じて表現されており，彼が実際に著書を書いた頃には，彼の考え方は広く一般に流布していたのである．ケインズはこうした事情が，マーシャルが得てしかるべきであった国際的名声を大いに失わせたと記している．

マーシャルは同僚や教え子（ケインズもその一人であったが）に対しても，非常に厳しい存在であった．しかし同時に，ケインズによれば「マーシャルが今日イギリスで見られるような経済学の父であるのは，彼の述作による以上に，彼の教え子たちによって」である．彼は1908年にケンブリッジ大学を退職するが，彼自身の独自の貸出文庫を設定したり，個人的に研究奨学金を提供したりすると同時に，ときには『タイムズ』紙に覚書を発表するなどして，経済学の発展に寄与した．

フランシス・イシドロ・エッジワース（1845―1926）

エッジワースは，1891年にオックスフォードにおけるオール・ソウルズのフェローとなり，生涯をそこで過ごした．彼の注目すべき才能は，事務処理能力として発揮された．世界的にも名高い『エコノミック・ジャーナル』の編集主幹となり，1891年3月から1926年2月まで，ケインズとともに，この雑誌の編集に当たった．この編集がエッジワースの後半生における主要な仕事になったのである．ケインズは，彼のこの功績を温かく評価している．世間的には，彼を非実際的，非事務的な編集者と見なすものも少なくなかった．しかしケインズは，この仕事に

おけるエッジワースの貢献を高く評価しており，そのような見方をきっぱりと否定している．

エッジワースは，マーシャルとも長期にわたってよい友人関係を保ったようである．彼はマーシャルに比較すると，数学的な才能を持ち合わせていなかったが，社会科学における準数学的方法に関する詳細さという点では，世界でも類まれなる人物であったとケインズは述べている．彼の専門領域は経済学という守備範囲を大きく超えたものであった．とくに倫理学については有能で，多くの著書があった．また1883年と84年に確率論に関する著書をあらわし，その中で経済学的な才能の一端を示すことにもなった．彼は，さらに統計的方法について，厳密な手法のあり方を探る試みも行っている．彼は心理学を科学として，物理学などと同じレベルで厳密化しようとしていた節があるが，この試みには，残念ながら成功しなかったとケインズは述べている．

F. P. ラムゼー（1903—1930）

フランクリン・ラムゼーはケンブリッジ大学キングス・カレッジのフェローであったが，同時にモードリンの学長の息子でもあった人物である．彼の専門は哲学，および数理的論理学であったが，ケインズなどの指導もあって，経済学，特に数理経済学にも少なからぬ関心を持っていた．しかし，彼は学者として大成を果たすことなく26歳で夭折した．

彼の研究の中には，彼の死後出版された *The Foundations of Mathematics*（1931年）などがあるが，経済学者としてのケインズにとって（そしてケインズの読者である筆者にとっても）興味深い研究は1928年12月に『エコノミック・ジャーナル』に発表された「貯蓄の数学的理論」である．この論文は個人の貯蓄行動を出発点として，経済全体のオーヴァー・タイムな最適経路との関係を論じるものであり，第二次大戦後の経済学の進展に非常に大きな影響を及ぼすことになったものである．彼が長生き

したとして，経済学の分野でどのような研究をなし得たかを予測することはできないが，経済学の分野でも非常に重要な人物を失ってしまったことは否定できない．おそらくは，ケインズも予想していたように，経済学を超えた幅広い領域で，多くの業績をあげることができたはずの頭脳が，その途中で失われてしまったことは誠に残念である．

追加篇

評伝集の最後に当たるこの第三部では，ケインズは，いささかランダムな形で，3人の人物の人生を追っている．その人物とは，スタンリー・ジェボンズ，ニュートン，そしてメアリー・マーシャルである．

ウィリアム・スタンリー・ジェボンズ（1835―1882）

スタンリー・ジェボンズは47歳の時に水泳中の事故で命を落とした人物であり，ケインズのこの原稿は，ジェボンズ生誕100年を記念した王立経済学会で読まれたものである．

ジェボンズの家族の中には，19世紀前半の金融恐慌によって破たんの憂き目を見た人もいたので，自身も資金の運用を行っていたジェボンズにとっても，経済的な混乱に無関心ではいられなかった．彼はシドニーにわたり，造幣局で試金者の職に5年ほど就いて，その後の人生の大半をこの時の収入によって賄ったようである．その後，イギリスに帰って経済学の研究に専心する．特に当時イギリスで人々の注目するところとなっていた石炭問題について論文を執筆して，それを時の首相のグラッドストーンに送付した．しかし，ケインズによればジェボンズのこの研究は余り人々の関心を呼ぶことはなかった．また，ジェボンズは石炭の限界がイギリスの経済成長を妨げるだろうと予言していたが，ケインズはこの主張が十分な論拠を持たないと論じている．

ジェボンズは景気循環に関する帰納法的研究にも従事するとともに，経済に季節変動があることを指摘して，経済統計の整備に尽力することとなった．この努力は理論経済学者としては先駆的なものであったが，当時の経済学者の関心を十分に引くことはなかったとケインズは述べている．ジェボンズの演繹的な研究は，1871年に出版された『経済学理論』に取りまとめられているが，そこで「主観的評価」と「限界理論」をきちんと評価したとケインズは述べている．

　ジェボンズは，経済学の潮流について，スミス，マルサスを通じてシーニュアに至る過程を考えていたようであるが，これはリカードからミルに至るという伝統的な評価と異なっていた．そうした彼の考え方の故に，マーシャルは彼を評価しなかったとケインズは示唆している．論理学は彼がそのエネルギーの過半を振り向けた分野であったが，彼の経済学に比較すれば，その研究は実りの少ないものであったようである．彼が自分の才能を発揮し得たのは1850年代後半から60年代前半までの青年時代であったとケインズは述べている．

人間ニュートン

　ケインズはこの記事を，彼が亡くなった1946年に開催されたニュートン生誕300年祭のために準備した．しかし，この記事を実際に朗読したのはケインズ自身ではなく，甥のジョフリーであった．

　ニュートンに関するケインズの関心の所在は，先駆的な天文学者である彼の業績というよりも，彼がひそかに進めていた魔術や占星術をも含めた人間としてのニュートンの生き様であった．ケインズはニュートンを「最後の魔術師であった」と述べているのである．実際，ニュートンの数学・天文学の研究は，彼の仕事の一部に過ぎなかった．彼の研究の最も重要な部分は，彼がトリニティーからロンドンへ向かった時に，こっそりと文庫箱に収め，その後には日の目を見ることがなかった秘教

的，神学的な研究であった．とくにニュートンにとって重要と思われたのが錬金術の研究であった．彼は若い頃から，かなり深刻な神経衰弱に陥ることがあったが，そのこととこのような研究とがどのように関連していたのであろうか．

　ニュートンは友人の勧めもあって，大学の事務を引き受ける一方，議員にもなったが，そのような経歴はニュートン自身にとって決して無意味ではなかったことがうかがえる．とくに 1692 年前後に深刻な神経衰弱に陥ったニュートンは，それを契機に大学を離れ，英国学士院の会長として君臨することになり，錬金術の研究は影を潜めている．もっとも，ニュートンは若い時代の異端的な研究を隠すために，一生涯苦心したようだとケインズは述べている．1727 年にニュートンが死去した後，彼の（占星術などをも含む）多くの研究業績が散逸の憂き目を見ることになったが，ケインズはそれらの資料の多くをケンブリッジへ取り戻す努力を惜しまなかったことも，われわれは知っておくべきであろう．

メアリー・ベイリー・マーシャル（1850—1944）

　メアリー・ベイリー・マーシャルはアルフレッドの妻であるが，同時に 19 世紀末のケンブリッジにおいて，最初の婦人経済学講師の一人として重要な役割も果たした．彼女は夫マーシャルに寄り添って，彼の学問的発展を支えると同時に，経済学者としても一定の役割を演じたのである．ケインズはマーシャル夫人の伝記において，彼女の幼少時代，さらには名誉あふれる彼女の祖先たちにも言及し（彼女の家系はベイリー家と呼ばれる名族であった），その業績にも簡単にではあるが言及している．彼女の少女時代には，たとえばディッケンズを読むことを（主として，信仰上の理由から）禁じられた事実などが，興味深く語られている．

　メアリーは晩年になって自分の人生を振り返った『思い出の記』を発表しているが，これがケインズによる伝記の基礎になっている．彼女は

1876年にアルフレッド・マーシャルと婚約すると同時に，彼の協力のもとに大学公開講座のためのテキストを執筆しはじめ，1879年にアルフレッドと共著でそれを出版した．彼女自身は，この著書のとくに後半はアルフレッドの著作であったと書いている．その後の彼女の人生は，主として夫マーシャルの生活を支えることに費やされたと言ってよいであろう．マーシャルの生活はおおむね順調であったと言えるものの，時として精神的に不安定な状態に襲われることがあった．彼はそういう時期にも講義を休むことはなかったが，彼女の精神的な支えは不可欠と言えた．また，1883年をオックスフォード大学で過ごした後，1885年にケンブリッジへ戻ったマーシャル夫妻は，初期の労働運動の指導者たちと交流したり，長期休暇の際には南チロルにおもむいて，オーストリア学派の学者との交流を深めるなどしている．

　しかし，ケインズの説明によれば，19世紀の末から1920年代には，夫マーシャルの学問的な能力が次第に，しかし顕著に，低下しており，メアリーはその事実を医師からはっきりと告げられた．アルフレッドが1924年に亡くなった後，彼女はさらに20年の歳月を生きおおせたが，その間多くの友人との交流を欠かすことはなかった．この時期に，亡き夫の図書の管理などに精力を惜しみなく注いだことがケインズによって述べられている．

最後に

　以上が，ケインズによる『人物評伝』の全容である．最後にこの本について，評者なりの解釈，ないし評価を付け加えたいと思う．もっとも，この書物の評伝は，新しいものであっても70年ほど前，古いものでは90年以上も昔に書かれた記事である．したがって，その内容自体が興味深いものであり，しかもケインズによる独自の味付けが施されているとはいえ，取り上げられている人物の多くが，人々の関心の対象と

しては，時空の彼方に飛び去ってしまっているということになるかもしれない．評者としてのケインズ自身が置かれていた，この時間的な制約を，今日のわれわれがどのように評価すべきかは，非常に難しい問題と言えるであろう．

しかし今日でも，われわれにとって非常に興味深く感じられる部分が含まれていることは確かである．その1つは，ケインズの将来を見通す展望が，非常に的確であるという点であろう．第一章や第二章で取り上げられているヴェルサイユ会議についての展望においては，ドイツに対する戦勝国の厳しい態度が，結局は新たな紛争の種を蒔いたことを示唆していると言ってよいと思う．

マルサスの業績がケインズの時代に与える影響については，ケインズ自身の革新的な業績にも表示されているように，当時主流の経済学とは異なる，短期的な経済学の流れを示すものであったことが示されている．これは，ケインズ自身の学問的な業績を検討する上でも重要な部分である．

またニュートンの評伝においては，彼の天文学の確固たる業績ではなく，占星術や密教的秘術の研究を探ることによって，むしろ，人間ニュートンの生涯を幅広く示すことに成功している．その意味で，この『評伝』は今日においても，多くの人々の関心を十分に満たすものとして，薦められるものと筆者は考える．

読書案内

- ケインズ（1998）「ロイド・ジョージはそれをやれるだろうか？」『ケインズ全集　第19巻　金本位復帰と産業政策』西村閑也訳，東洋経済新報社．
    ケインズの生涯を通じた関心の1つは，イギリス経済がしばしば

直面した，経済不況に対する政策的な対応策であったことは間違いない．1936年に出版された『雇用・利子および貨幣の一般理論』（『一般理論』と略記）はこの問題に関する彼の1つの解答であったが，それ以前にも，この問題に関する彼の考え方は，徐々にではあるが形成されつつあったのである．それを如実に示すものとして，本論考があげられる．この論文は1920年代にケインズが考えていたマクロ経済に関する考え方，そしてそれが『一般理論』に大成されるまでの過程を知るうえで，格好の材料になるものと考えられる．

- ケインズ（2013）「第2章　ケインズと古代貨幣」『ケインズ全集　第28巻　社会・政治・文学論集』那須正彦訳，東洋経済新報社．

  現代の市場経済における貨幣の役割に関するケインズの高い関心は言うまでもないことであるが，彼は貨幣の進化にも多大の注意を払っていた．そのような考察の一端が，『ケインズ全集　第28巻』の第2章に収録されている．この章におけるケインズの考察は，当時彼が執筆中であった『貨幣論』の進行を妨げるほどにケインズを熱中させたとも言われている．そこでは，古代ギリシャにおけるソロンの貨幣制度改革に関する叙述と，それに関するガードナー教授の誤解についての示唆とが盛り込まれている他，バビロニアにおける貨幣の起源などにも言及がある．今日にあってもこの種の考察に興味を持つものとしては，関心を持って読むことができる．

- ケインズ（2013）「第4章　ヒューム」『ケインズ全集　第28巻　社会・政治・文学論集』那須正彦訳，東洋経済新報社．

  『人物評伝』からもうかがえるように，ケインズは様々な歴史的著名人の栄枯盛衰にも関心をもっていた．ケインズの，この種の関心を示すものとして，彼がピエロ・スラッファと共同であらわした『「人間本性論」の概要（1740年）——デイヴィッド・ヒュームによる，これまで知られなかったパンフレット』（1938年）を紹介しておこう．ヒュームが1740年に書いたパンフレットは無名で発表されたため，その著者をめぐっては多少のいざこざがあったようであり，当初はこのパンフレットが若きアダム・スミス（この当時，アダム・スミスは

17 歳になるかならないかであった）によるという見方が大勢を占めていた．ケインズとスラッファは，様々な文書やヒューム自身の手紙などから，そうした見解が間違っており，実際の著者がヒュームであることを示したのである．ケインズとスラッファが書いたこの小冊子は，彼らの考察をめぐる学者間のやり取りをも描いており，ケインズの多方面にわたる興味，関心を示すものとして興味深いものである．

IV-2

フランク・ラムジーの1つの描像
── 理論経済学者・哲学者・論理学者として
大瀧雅之　OTAKI Masayuki

26歳で夭折した稀代の天才

　フランク・ラムジーは1903年にイギリスのマグダレンに生まれ，ケンブリッジ大学のキングズ校のフェローのまま26歳で夭折した，数理論理学・哲学・経済学にわたる稀代の天才である．『人物評伝』には，ケインズの手になるラムジーの小伝が遺されている．ケインズは，その人となりを総括して，「ラムジーは誰をおいてもヒュームを思い起こさせる．それはとりわけ，すべての仕事に対して示した，彼の良識とある種の鋭くも精力的な実践性においてである」と述懐している（ケインズ『人物評伝』第29章）．確かに遺された難解な彼の作品を，筆者の限られた能力で辿っても，それらが熱を帯び血の通った人間の技であり，同時に自らの同胞，すなわち生きとし生ける人間の存在そのものへの温かい共感に包まれていることを感得できる．

　さて日本人のかなりの人は，天才を奇矯な行動と学問的・政治的大言壮語を兼ね備えた人物と誤解している．しかし学問とは，そんな軽佻浮薄とは本来まったく無縁の「地味で誠実な」知的営為なのである．確かにアルバート・アインシュタインやそれを『人物評伝』（第37章）で冷

ややかに批判しているケインズ自身も，前者の要件を満たすだろう．しかしその仕事は自己の良心に徹底的に忠実であり，時代をはるかに凌駕して問題の核心を鋭く抉っている．読者には，本章においてラムジーの仕事を通して，天才のキレというものを感得していただきたい．キーワードは，「単純なものこそ美しい」である．

経済学者としてのラムジー――異世代間の倫理

　ラムジーの理論経済学に関する論文で，公刊されたのは2本であるが，本節ではこのうち Ramsey (1928) の最適成長理論の基礎を築いた論文を紹介する．

　最適成長理論とは，一国経済が最大の経済的厚生を達成するためには，どのような消費・貯蓄行動を営むべきであるかを分析する理論である．この文脈において貯蓄とは，現在財の消費を諦めて将来財のそれを選択することを意味する．このような考え方は，アメリカの経済学者アービング・フィッシャーによっても唱えられたが，ラムジーの方がはるかに一般的である．そこで Ramsey (1928) のあらましを述べることにしよう．

　まず従来 z 円だけ貯蓄していた家計が，さらに1円だけ貯蓄を減らして，これを消費に回したと考えてみよう．このとき毎期の効用には上限があり，これを B とする．つまり B とは，個人が達成できる最大限の効用水準であり，これ以上の消費は単に「飽き」をもたらすだけで，却って効用を低下させるとする．

　ここで，計画変更以前の毎期の効用水準を $U(x)$ としよう．x は貯蓄量 z に対応する消費量である．すると $B-U(x)$ は，消費水準を x に留めることによって生ずる損失と見なすことができる．ところで，1円だけ貯蓄を減らして消費に回すことは，z 円だけ貯めるのに $\frac{1}{z}$ だけ余分に時間がかかることを意味する．このような貯蓄の先延ばしによって

生ずる将来の効用の減少分は，彼が各期の効用の割引率を0としていることから（現在の効用も将来のそれも同じ価値を持つと仮定していることから），$\frac{1}{z}[B-U(x)]$ である．したがって現在の消費を1円だけ増やすことで得られる追加的効用すなわち限界効用 $U'(x)$ は，これと釣り合わなくてはならない．よって最適な消費・貯蓄計画は，

$$U'(x)=\frac{1}{z}[B-U(x)] \Longleftrightarrow z=\frac{1}{U'(x)}[B-U(x)]$$
$$\Longleftrightarrow \dot{a}=ra-x=\frac{1}{U'(x)}[B-U(x)] \tag{1}$$

という必要条件を満たすべきことがわかる．a は一国全体での資産額であり，r はその収益率を表している．貯蓄 z は単位時間当たり（たとえば1年間）の資産の増加を意味するから，z は a の時間微分 $\dot{a}$ とつねに等しくなる．

a はある時点では与えられた変数（変えることのできない変数）であるから，結局(1)式は，資産額 a を前提としたうえで，(1)式が成り立つように現在の消費量を定めることで生涯の効用を最大化できるということを表しているのである．(1)式は厳密には，制約条件付き変分法と呼ばれる数学的手法によって得られる．だが，ここでの議論は初等的な経済学の知識と論理から，見事に導出されている．「単純なものほど美しい」のである．

刮目すべきは，各期の効用の割引率が0と仮定されていることである．すなわち経済が無限に続くとき，いずれ「至福状態」へ到達する．到達時以降の毎期の効用は B であるから，これを足し合わせて当該経済の総効用とすると，割引率が0であれば，それは無限大に発散する．したがって何らかの工夫がなければ，この問題に意味ある解を与えられない．ラムジーの職人気質は，効用最大化問題を「至福状態」からの乖離を最小化する問題に巧みに書き換え，これまた見事な変数変換によって，割引率0の場合にも解を見つけたところにある．

さてこの割引率をいかに定めるかという問題は，ラムジーの唱えるよ

うに倫理的で重要な問題なのだろうか．この問題で大きく結論を左右するのは，ラムジーを始祖とするあたかも1人の個人が永遠に生きる「王朝型モデル」ではなく，世代ごとに意思決定が分権化された「世代重複モデル」においてである．

たとえば，人類の存亡を脅かしかねない地球温暖化問題を分析するうえで，この問題は深刻である．現存の人間たちがこれから生まれ来る子どもたちの幸福を自分たちのそれより軽視してよいか（将来世代の効用に正の割引率を適用してよいか）という問題である．この問題は明らかにラムジーの提起したような倫理にかかわる問題である．ラムジーはこの答えについてアプリオリに（より厳密に言えば「単に想像力の欠如から来るもの」として）割引を明確に拒否している．

最適成長理論は，人間の認識（cognition）の限界に対して楽観的である．すなわち，人間は自分の先祖に対して十分なイメージが抱けぬように，これもまた顔を合わせることもない遠い将来の子どもたちに平等に思いを馳せられるかという問題である．残念ながら，われわれは血を分け育てた子どもたちの世代に共感を抱くのが，精いっぱいと認めざるを得ない．

しかし筆者は地球温暖化問題において，自分の子どもより後の世代には無限大の社会的割引率を適用する，つまり，彼らの遠い子孫の存在に対してまったく無関心であっても，自分の子どもの世代に対してのみ，社会的割引率を0とするという意味で倫理的であれば，長期的にはパレート効率的でバランスが取れた経済を実現できることを証明している（Otaki, 2015）．親が子をわが身と思えば，子もまたその子（孫）をわが身と思うという，好ましい連鎖が起きるからである．このようにラムジーが提起した社会的割引率の問題は，一端を覗いただけでも，深遠な問題が秘められている．まさに将来世代の効用を割り引いてはならぬという，彼のご託宣は，その人間愛の深さを象徴している．

哲学者としてのラムジー

「哲学とは,われわれの思考や行動の意味を明確にするものでなければならない.言い換えれば哲学とは,精査さるべき心的性向とそれに付随した精査のことである.すなわち,哲学の主たる命題は哲学そのものには意味がないというものである.しかしわれわれはふたたび言おう.それはヴィトゲンシュタインのような衒学的な意味ではなく,真摯に受け止められるべき無意味であり,また重要な無意味でもあると!」.この文章はケインズの『人物評伝』(Keynes, 1972, p. 340) にある,ラムジーの Philosophy と題した断章の一部である.つまり哲学とは自己省察のことであり,その内容が伴わなければ何の意味もないという一種のアフォリズムである.しかしこれには,さらに深い含蓄がある.この断章の末尾に,「論理学の同義反復,数学的な同値関係,哲学での定義,これらすべては(事後的には——筆者注)自明であるが,同時にすべては,われわれの思考を研ぎ澄まし系統的なものにするうえで決定的に重要である」(前掲書, p. 341) という記述がある.すなわち論理が同義反復であるという意味で哲学には意味がないが,しかしそれは,物事を明確に理解するためには,不可欠であるというのが,ラムジーの主張である.なぜだろうか.

ここから先が,ラムジーの哲学の真骨頂であると,筆者には思える.『人物評伝』には,Philosophy に続いて Philosophical Thinking というタイトルの断章が上がっているが,そこで彼は次のように述べている.「怠慢と鈍重を別にすれば,われわれの哲学にとって最も忌むべきは,スコラ主義である.そこでは,本来多義的 (vague) であるものが,あたかも正確なものであるとして,それが厳密な論理的範疇に当てはめられようとしている.典型的なのはヴィトゲンシュタインの見解であって,彼は全てのわれわれの日常生活における命題は,完全に秩序だっており,非論理的に考えることは不可能であると主張している」(前掲書, p.

343).

　すなわちラムジーは，個々の言葉に生来のあいまいさを強く認識しており，それらが有機的に結合することによって初めて意味（meaning）を持つことに深い自覚があったのである（for meaning is mainly potential）. さきほどの Philosophy という断章には，これを象徴する文章がある．すなわち,「私は常々行き過ぎたスコラ主義が哲学に与える影響を懸念してきた．私には1つの単語そのものだけをどう理解できるのか分からないし，提起されたその単語の定義そのものが正しいかどうかを判別できない．またそうした茫漠としたスコラ主義的な考え方全体を理解できないし，彼らが単語の誤った使用やその多義性を排除するために付ける但し書きの意味も良く分からない」（前掲書, p. 341）.

　つまりラムジーの言わんとするところは，単語そのものは文脈の中で理解さるべきものであり，かつその解釈は個人の感性に依存するところが大きいということである．そしてそれゆえにこそ，本来同義反復である哲学が意味を持つのである．平たく言えば，表現を変えれば同じ内容でも伝わり方・感じ方が異なるから，数学的同値関係にあっても，それは深い意味を持ちうるのである．かりにスコラ主義の主張するように，1つの単語そのものに独立した意味があるならば，哲学は，1つの定義・命題が提示される以前という意味で,「事前に」トリビアルな存在であり，真に無意味な営為と堕してしまう危険があるのである．こうしたラムジーのプラグマティックな姿勢は，G. E. ムーアの『倫理学原理』（1903年）の，硬直した「形而上哲学」や「快楽主義哲学」を批判して，善は一義的には定義できないものであり，状況・文脈に依存して決定される社会的な存在であるという主張を彷彿とさせる．事実，ラムジーの断章の中にも，ムーアに関する記述が現れる．

　『人物評伝』の中でケインズは，ラムジーがヴィトゲンシュタインと決別した理由を挙げて，次のように述べている．

このようにして彼（ラムジー――筆者注）は，「形式論理」とは別の「人間の論理」を考察するに至った．形式論理は無矛盾な思考の規則のみを取り扱うものである．しかしこれに加えて，われわれは認識や記憶あるいはその他の要因によって直面する事態に対応するある種の「有用な心的慣習」を持っており，それによって真実に接近あるいは辿り着くのである．そしてこうした習性の分析もまた一種の論理である．この着想の確率論への応用は，まさに実り多いものがある．（前掲書，p. 338）

　ラムジーの「人間の論理」の確率論への応用は次節で紹介するが，本節だけでも，ラムジーがどれほど人間や社会に関心が深く，そして虚無を嫌い，生きるということを肯定的にとらえていたかを，十分に窺い知ることができよう．
　さて以上の議論を，経済学を例にとって考えてみよう．経済学には「双対問題」というものがある．ある最大化（最小化）問題の解が同時に別の最小化（最大化）問題の解になっている場合，そのように対となった2つの問題を，双対問題と呼ぶのである．無論その性質上，双対問題は同義反復である．
　たとえば予算制約下の効用最大化問題と所与の効用水準を達成するための支出最小化問題は，双対問題である．だが飽くなき快楽追求と徹底した節約とは同じことであると，ただちに直感できる人は，まずいない．なぜならばこの同値関係は，個人の効用最大化という利己的な営みが，「個人の意思とは独立に」社会全体としては，希少な資源を有効に活用する帰結を生みだすという，厚生経済学の第一基本定理そのものだからである．つまり，「個人の意思とは独立に」ということ自体が，一般にはこの同値関係を察知し難いことを示唆している．
　数学的同値関係とは，「言い換え」にしか過ぎないものなのだが，原命題とそれと同値関係にあることを証明されるべき命題の間には，程度

の差こそあれ，一般に日常言語による大きな差がある．その大きな差を埋めるのが，演繹という動作である．この演繹の困難さ（日常言語に依るなら，その「言い換え」の難しさ）こそが，この2つの同値命題の間の「距離」と言ってもよかろう．「距離」が遠いほど，演繹のプロセスは長くなり（用いられる日常言語の色彩の出し方が困難となり），同値関係成立の理解が困難となる．したがって単に形式上「同義反復」になっているからといって，それが同時に自明である，ということを意味しない．

数学者・論理学者としてのラムジー——ケインズ批判

本節ではRamsey（1990）によって，先にケインズが『人物評伝』で賞賛した「人間の論理」に基づいた彼の確率論を紹介する．まず彼は，確率を頻度（frequency）のこととして捉えることに賛意を示す．その根拠として，①日常言語との関連から理解しやすい，②純粋数学の一部として確率論を理解しても最も無難な解釈である，③人文・社会科学や数学に限らず科学全体で考えてみてもそうした解釈は見通しをよくする，ことを挙げている．

ラムジーは，社会・人文科学や思想の大家が，頻度確率とはいささか違った文脈で「確率」を用いている現実を無視できないとして，それを「部分言語（partial language）」と名づけ，頻度確率を擁護する立場を維持しながら，「部分言語」としての「確率」を分析の俎上に載せる．そしてこの典型として，ケインズの「確率論」を批判する．

その要諦は，ケインズの人間の認識パターンに関する不自然さである．すなわちケインズは，ある状況下では，前提（premise）と結論（conclusion）の間の論理的もっともらしさ（これをケインズは確率と呼んだ），あるいは特定の2つの命題間の確率的関係は確実に認識できるとした．しかしこれに対しラムジーは否定的である．そして比喩的に，「われわれが，それら（命題のこと——筆者注）について共通に認識していると思

われることは,ある一般的な命題,すなわち加法や乗法である.あたかもそれは,誰もが幾何学を知っているが,ある特定の図形が丸いか四角いかが容易に判別できないことに似ている.つまり私には,かくも膨大な知識体系が特定の限られた事実の集積の組み合わせによってイメージできるとは思えないのである.確かにある特殊な場合には問題となっている命題の真偽について合意が取れるかもしれない.しかしこれは,逆説的だが,つねに何らかの意味で途方もなく込み入ったことなのである.たとえばわれわれは揃って,コインの表が出る確率が$\frac{1}{2}$であることに合意できよう.しかしそれに当たって,われわれは誰一人として,他の確率的関係が成立しうることに確証が持てないでいるに過ぎないのである」(Ramsey, 1990, p. 58) と述べている.

この例で考えれば,コインに歪みがある可能性を排除できないが,一般には,それが存在するか否かだけでなく,存在してもどのような歪みかもわからない.したがってコインについて十分な知識があれば,本来は$\frac{1}{2}$以外の確率を振ることも可能なのだが,そうした「ズレ」は,経験から無視できるとして(あるいはできるために),暫定的に$\frac{1}{2}$の確率を付与することに,みな合意するのである.

これはほぼ同時期にアメリカで花開いたジョン・デューイらのプラグマティズムとも通底する思想だが,ラムジーの確率論では,論理的蓋然性の有無を重んずるケインズに対して,人が行動・経験から学び,それが論理的蓋然性の判断を練磨するという視点が強調されているところに大きな特徴がある.ラムジーは経験,知的錬磨から学ぶという点について,「もし誰かが私に,2つの命題の真偽について確率をどう振ったらよいかと尋ねたとしよう.私はその2つの命題について沈思黙考しそれの論理的連関を理解するよう努めるよりも,熟知している方の命題を想起しその信頼度を推し量るであろう.そして結果として,他方の確率を与えるべきであろう.もし仮にこうした営みが為せるなら,この段階に決して満足することなく,私は,「これは私の考え方です.しかし言

うまでもなく私の能力には限界があります」と述懐すべきである．そしてもし賢者ならどう考えるかを考え始めなければならない．この賢者の信頼度を確率と呼ぶのである．この種の自己批判の重要性が，私自身の理論を構築する上で後に議論されることになる．要約すれば，確率を介して並存する2つの命題（たとえば一方が真，他方が偽というような——筆者注）各々に振られる確率は，単にそれらの命題を沈思黙考することによって得られるわけではなく，就中，自分自身の実際の，あるいは，仮説的な信頼度をつねに考慮することで与えられるのである」(Ramsey, 1990, p. 59) と述べている．

筆者が察するに，ここでの「沈思黙考 (contemplate)」と「自己批判 (self-criticism)」とは，対極に位置するものであり，前者が自らの誤謬に無頓着であるのに対し，後者は自らの知力の限界と学習能力を率直に認めているという意味で，自然で謙虚な考え方であろう．こうしたラムジーの姿勢は，前節で論じた同義反復の創造性とも関連している．もし「沈思黙考」によってすべてが解決するなら，哲学は真の意味で（ヴィトゲンシュタインの意味で）自明であり，無意味になってしまうからである．

ラムジーの確率論

さて以下では，これまでの知識を前提に，ラムジーの確率論の一端を紹介しよう．まずラムジーはある命題が真であることへの「信念 (belief)」が，いかにして計られるべきかを検討する．第一にそれに向けた「感情の強さ (intensity of feeling)」を候補として挙げる．しかし，自分自身が当然と思っていることこそ，逆に意識に上らないとして，これを退ける．そしてバートランド・ラッセルの批判を考慮に入れながらも，「信念」の強さはそれに基づいた「行動」によって推定されるべきであるとの主張に至る．

このラムジーの主張を咀嚼しよう．われわれは貨幣経済に生活してい

る．しかし不換紙幣は，本来紙きれである．これを何の不安もなく財やサービスと交換できるのは，自分を含めた皆が貨幣には固有の価値があるという強い「信念」を持っているからに他ならない．以上を根拠にラムジーは，「「行動」をもとにした「信念」の計測が極めて適切であることが分かるであろう．ただしそれは，内省による感情を計測するということとは全く無関係である」と結論づけている．

そのうえで人々の行動に関して次の仮説を採用する．すなわち，「私は，今はすっかり廃れているが将来必ず重要となる，1つの一般的な心理学的理論を基礎とすることを提起する．この考え方は，大半の人が最も関心を持っている事柄については，実に適切である．それは，人は自分の欲求が極力達成されるように考えて行動するというものである．したがって，1人の人間の行動は彼の欲求と見解によって完全に規定されることになる」．経済学徒に馴染み深い「経済合理性」そのものである．

この仮説をもとにラムジーの平易なモデルを紹介しよう．まずある命題が真であることへの「信念」を $p(0 \leq p \leq 1)$ としよう．ラムジーは頻度確率を支持しているから，

$$p \equiv \frac{m}{n} \tag{2}$$

として定義される．m は n 回の試行のうち当該命題が真である回数である．さらに命題が真であったときに行動の結果得られる利得を r，誤っていた場合のそれを w とする．また毎回費用をかけて命題の真偽を知ることができると仮定し，その費用を $f(d)$ とする．d は真実を知ることの難しさであり，勿論 f はその単調増加関数である．

このとき人間の行動には2つのパターンがある．1つは，「信念」に基づき「勘」で行動することである．この場合の n 回の試行から得られる主観的利得は，

$$npr + n[1-p]w = nw + np[r-w] \tag{3}$$

である．もう1つは着実に毎回真実を確かめて行動する場合で，この時の主観的利得は，

$$nr - n \cdot f(d) \tag{4}$$

となる．(3)が(4)を上回ることはないが，試行錯誤すなわち努力によって「勘」は研ぎ澄まされ，両者が等しくなるところまで，「信念」p は高められることになるというのが，ラムジーの主張である．したがって，「信念」p は

$$p = 1 - \frac{f(d)}{r-w} \tag{5}$$

として表現できる．

(5)式は重要な内容を含んでいる．1つは，命題の真偽を見分けることがより困難となり $f(d)$ の値が上昇すると，「信念」p は低下し，人々は確信が持てないまま行動せざるを得なくなる．これは日常の感覚からも肯定できる結論である．

以上の平易なモデルから分かるように，ラムジーの確率論は，主観的確率すなわち「信念」は，自分がある命題に賭けて行動することで得られる利得が最大になるように定まるという思想のもと形成されている．さらに(5)式が，「自己批判」による学習・努力の結果辿り着く極限値であることに鑑みれば，人間の知力の限界というものに対して大変謙虚な理論であると言えよう．すなわち前節のケインズの言葉を借りれば，まさに「人間の論理」の形式論理化なのである．

「生きる」ということの肯定

これまで論じたように，ラムジーは理論経済学者・哲学者・論理学者として短い生涯だったが，八面六臂の活躍をした．そこに通底しているものは，「生きる」ということの肯定であり，その意味の論理的解明で

あったということができよう．経済学では社会的割引率の問題を通じて，まだ見ぬ将来ということの意義を問うた．また哲学では，人間の綴るあるいは話す言葉の多義性・単語同士の相互連関に注目し，形式論理とは異なり，1つの単語そのものを理解したり意味を持たせたりすることが，困難であることを強く主張した．最後に確率論では，人の行動によって「信念（belief）」を推し量るという卓越した発想で新たな地平を切り開いたのである．通常は「信念（あるいは確率）」を所与としたうえで，人の行動を分析するものであるが，これを逆に置き換えて考えた知性のキレには，本当に驚かされる．まさに「単純なものほど美しい」である．

参考文献

Ramsey F. P. (1928). A mathematical theory of saving. *Economic Journal*, 38 (152), 543-559.

Otaki M (2015). Local Altruism as an Environmental Ethic in CO2 Emissions Control. *Atmospheric and Climate Sciences*, 5 (4), 433-440.

Keynes J.M. (1972 [1933]). *Essays in Biography*. The Collected Writings of John Maynard Keynes X, London: Macmillan.

Ramsey F. P. (1990 [1926]) Truth and Probability. D. H. Mellor ed., *Philosophical Papers*. Cambridge: Cambridge University Press.（伊藤邦武・橋本康二訳『ラムジー哲学論文集』勁草書房，1996年）

謝辞：本研究は科研費JSPS 17K03618の助成を受けたものです．

読 書 案 内

- F. P. ラムジー（1996）「IV　真理と確率」『ラムジー哲学論文集』伊藤邦武・橋本康二訳，勁草書房．
  現代のコルモゴロフ流の確率論とは違った，人間の推論に関する

もっともらしさを扱った小論である．結尾部でラムジーはミルによりながら，「因果関係の法則（Law of Causality）」，すなわち，より少ない法則を前提に簡素な整序作業による帰納法から証明される法則の重要性を強調している．きわめて印象的である．

- Ramsey, F. P.（1928）. A mathematical theory of saving. *Economic Journal*, 38(152), 543-559.

 大学院生あるいはこれから大学院へ進学しようという人には，必読の論文である．現在の教科書では，単に変分法の応用問題として取り扱われがちだが，この研究の着眼点の卓越性と論理のキレは，原論文に当たらずには味わえない．

- G. E. ムア（2010）『倫理学原理』泉谷周三郎・寺中平治・星野勉訳，三和書房．

 ラムジーやケインズらの自我形成に，大きな影響を与えた書物である．ケインズは『説得評論集』の「若き日の信条」のなかで，ペシミスティックにこの本を述懐しているが，彼の予想を裏切り，今日まで読み継がれる古典となった．ラムジーもそうであるが，人間を型に嵌めずに，多様性・社会性を前提としたうえで，その中に「善」を見出そうという姿勢は，読者に感動を呼び起こす．

IV-3

E. H. カーのソ連史研究
―― 戦間期から戦後期へ
塩川伸明 SHIOKAWA Nobuaki

　20世紀イギリスを代表する歴史家・国際政治学者 E. H. カー（1892-1982）は，戦間期にはケインズの年下の伴走者であり，戦後期には「ケインズ後の時代」を生きた．本章では，カーの知的生涯をいくつかの時期に分けて，そのソ連史研究を歴史の中に位置づけてみたい．

第一次世界大戦から大恐慌まで――初期のカー

　1914年の第一次世界大戦勃発時にカーはまだ社会人になっていなかったが，後年の著作で，この大戦はそれまでに慣れ親しんでいた世界の崩壊という感覚をもたらしたと書いている．この感覚は彼にとって「原体験」的な意味をもった．戦後のパリ講和会議時に下級外交官になっていた彼はケインズの講和条約批判に共鳴したようだが，公的な発言の記録はない．
　カーがソ連観察を職務とするようになったのは1925年のことだが，同じ年にケインズはソ連を短期訪問し，その経験に基づいて「ロシア管見」を書いた．その論旨は，経済面ではソ連の実験にほとんど意義を認めない――ただし，存続しえないほど非効率的ではないとする――が，

その宗教的情熱には一定の意義を認めるというものである．宗教心を失った現代資本主義には内的な団結もなければ強い公共心もないが，それに比して共産主義の信念には興味深いものがある，というのが彼の観察だった．

まもなくカーは精力的な執筆活動を開始するが，当初の主要テーマは，当時のソ連の現実とはやや縁遠い19世紀ロシア思想史だった．当時のソ連では，初期の革命的熱狂——ケインズが1925年に観察した宗教的情熱——が薄れつつあり，知的魅力を発揮するものと見えなかったからかもしれない．いずれにせよ，1937年の訪ソ時に大テロルに遭遇したことはソ連への否定的評価を強め，カーはその後しばらく対独宥和的立場をとることになる．

激動の時代と国際政治研究

カーは1936年に外務省を辞して，ウェールズ大学で国際政治学を講じるようになった．これは長期不況と国際緊張のただなかで「レッセフェールの終焉」という時代認識が広まった時期であり，「ケインズの時代」というにふさわしい時期である．1939年刊行の『危機の二十年』初版は，国際政治に関するリアリズムを説き，また対独宥和的な個所を含んだ作品として知られる．もっとも，カーをリアリズムの祖とする通説に対しては，近年では種々の批判が現われている．また，同じ本の第2版（1946年）では，宥和主義をあからさまにした個所が削除されているため，39年時点の彼が宥和論者だったことがあまりはっきりしないものとなっている．

カーのソ連観を大きく転換させたのは，1941年の独ソ戦開始，そしてそれに伴う「大連合」（英米とソ連の同盟）の発足である．これ以降，カーのソ連評価は明確に肯定的なものになった．「レッセフェールの終焉」という確信からすれば，ともに19世紀イギリス的自由主義への挑

戦者だったナチ・ドイツからスターリンのソ連へと宥和的評価の対象を変えたのは，それほど大きな転回ではなかったのかもしれない．それに，対独宥和論がナチズムそれ自体の肯定を意味しなかったのと同様，「計画経済の優位性」論はソ連の全面的賛美ではなかった．

　戦後まもなく「大連合」が崩壊して冷戦が始まるという国際情勢の中で，カーはソ連擁護の論調を張り続けた．それが最も明白にあらわれた作品が『西欧を衝くソ連』(1946年) である．カーの後年の回想では，これは急いで書いたためバランスを欠いた作品となっているが，それでも多くの正当な主張を含んでいたとされている．当時の英米における主流的立場が反ソ・反共に偏していたことへの反抗心が彼を逆の方向に傾かせたが，だからといって，ソ連の実態を単純に美化ないし理想化したわけではない．ソ連に対するカーの高い評価は，「人間解放」のユートピア的な理念よりも，むしろスターリンのもとで巨大な犠牲を払いつつ実現されつつあるかに見えた「計画経済」の現実的な力に向けられていた．そこには，マルクスよりもむしろケインズ経済学の摂取に立脚して論を立てようとする発想もあった．彼のソ連観は後世から見れば過大評価と評されうるが，その時点においては，対独戦争勝利という形でまさしく「現実的」と映っており，それを認識することこそが「リアリズム」と考えられた．1951年刊行の『新しい社会』には，「個人主義的自由主義から社会主義へ」という時代観が表明されているが，そこで擁護されている「社会主義」とはソ連（＝共産主義）とは一線を画した西欧的な社会民主主義を指していた．

冷戦の絶頂からスターリン批判へ――カーのソ連史研究(1)

　カーが大著『ソヴィエト・ロシア史』（全14巻）の執筆に着手したのは冷戦初期のことであり，冷戦的雰囲気への対抗意識が1つの原動力になっていた．もっとも，そうした立場が研究内容に直接反映している

わけではない．1930-40 年代に活発な時事的発言を行なっていたカーは，1950 年代以降，アカデミックな研究に沈潜し，時事的発言を慎むようになっていった．これ以降のカーが現実政治の動向にどういう態度をとっていたのかを探る手がかりはあまり多くないが，ともかくそれらに目を配りながら，カーの歩みを追ってみたい．

1950 年刊行の大著第 1 巻の序文で，カーは自分の狙いは革命自体よりもその後の秩序形成の分析にあると書いている．革命のプロセスとりわけ大衆運動よりも，むしろ政治エリートによる国家建設の方に彼の主たる関心はおかれていた．イギリスの体制エリート＝インサイダーでありながら同時にアウトサイダーでもあるという両義性が彼をソ連という対象に引きつけたが，大衆反乱としての革命に引きつけられたわけではなかった．

ソ連を「敵」とする風潮が主流である冷戦期において，カーは英米の言論界で孤立した存在だったが，そういう中で盟友ともいうべき位置にあったのが，年下の友人ドイッチャーである．もっとも，二人の間には一定の差異もあった．革命自体にあまり関心をいだかないカーに対し，ドイッチャーは元来ポーランド共産党に属した革命家であり，終生，革命精神を失わなかった．この違いは，カーの大著が第 4 巻まで刊行された段階で発表されたドイッチャーの書評によく示されている．この書評でドイッチャーは，カーはソ連史に関する最初の本物の歴史家だという高い評価を示した上で，いくつかの点で違和感を表明している．カーが「国家をつくるものとしての社会」よりも「社会をつくるものとしての国家」に関心を集中していること，制度には強い関心をいだくが理念には無頓着であること，レーニンとスターリンの近似性を強調する一方，両者の違いを軽視していること，等々である．ここには，革命的理念を重視するドイッチャーと，空論的理想主義には軽蔑的でリアリズムの観点からソ連を評価しようとするカーの個性の差が明確に示されている．

1956 年のスターリン批判およびハンガリー事件は，世界各国の左翼

知識人たちに強烈なショックを与える出来事だったが，カーがこのときに何らかの反応を示した形跡はほとんどない．もともとカーは戦前のソ連をリアルタイムで観察しており，スターリンの恐怖政治も当時から承知していた．その彼がソ連を高く評価するようになったのは，理想主義の観点ではなくリアリズムの観点からだった．そういう彼としては，今頃になってスターリンの残虐行為が暴かれたからといって驚き慌てることはないと考えたのではないだろうか．

大著執筆途上の副産物ともいうべき『歴史とは何か』（1961年）は，古今の多彩な事例を素材として歴史学方法論を論じた書物だが，ここで注目されるのは，進歩に伴う犠牲という論点である．たとえば，イギリスの産業革命は膨大な代償を伴ったが，それでも進歩的だった，またインドの植民地支配は非人道的なものだったが，それでも長期的結果は進歩的だったとされ，ソ連における農業集団化および工業化も同様だとされている．これはスターリンの政策を条件付きながらも弁護する観点のように見えるが，それは特に社会主義を擁護するというよりも，イギリスの産業革命や植民地支配についてと同様の観点の一例として提示されている．

『歴史とは何か』の中でもう1つ有名なのは，しばしば「歴史におけるif」の否定として知られている「未練史観」批判である．一例として，もしあれこれの条件がなければロシア革命は起きなかっただろうといった類の議論を無意味として退けている個所がある．これはいわばロシア革命必然論だが，殊更にロシア革命だけを必然としているのではなく，他の様々な歴史的事件についてと同様だという議論であり，社会主義革命への心情的肩入れとは性格が異なる．もう1つ注意すべきなのは，未練論と「歴史におけるif」は同じではないということである．未練論とは，「もし○○だったら，あの出来事はなくて済んだろうに」と嘆く発想だが，それを無意味として否定する立場は「もし○○だったとしても，結果は大差なかったろう」と考えることになるから，別の意味

でのifを暗黙に前提している．カーは未練史観には強く否定的だったが，「勝てば官軍史観」については，手放しにではないにしても事実上肯定的である．彼が反対派にあまり共感を寄せていないのは，その1つのあらわれである．

　1967年はロシア革命50周年に当たったが，ドイッチャーが死去した年でもあった．ドイッチャーがこの年に出した遺著『ロシア革命五十年——未完の革命』(岩波新書，1967年)は，ロシア革命が本来掲げた目標が現実のソ連では実現に程遠いことを指摘しつつ，その目標を達成するための試みは今なお続いているという観点を示していた．この本へのカーの書評は，基本的には肯定的でありつつも，微妙な違和感を表明してもいる．1つには，平等化の進展に関するドイッチャーの楽観的展望への懐疑であり，もう1つはレーニンとスターリンの異同に関わる．カーは，レーニンが塀の上で片側に軽く傾いたところをスターリンはドシンと落ちてしまったという比喩を用いて，両者は確かに違うとはいえ，塀の上にいつまでもとどまり続けることは不可能だった以上，スターリンにもそれなりの言い分があっただろうと論じている．こうした批評は，カーがドイッチャーほど深くマルクス主義にも革命的理念にもコミットしていなかったことを示唆している．

　カーは続いて，かつてドイッチャーがカー著に寄せた書評への回答を書いたが，そこにはドイッチャーに歩み寄る面と差異を再確認する面とがあった．興味深いのは，次のように述べられている点である．スターリン死後15年の間の変化は，スターリンの全体主義によって革命が凍結してしまったという見方を反駁している．革命を経験した力強い国民が単調な停滞に落ち着いてしまうということはありそうにないし，革命精神を育んだユートピア的ヴィジョンが完全に消え失せてしまうこともありそうにない．だとしたら，ドイッチャー流の楽観主義にも根拠があったということになるだろう．これはソ連の変化可能性に期待しうる限りでドイッチャー流の革命的楽観主義にも共感しうるという態度表明

だった.

ソ連「保守化」の中で——カーのソ連史研究(2)

　前節末尾で紹介したスターリン後のソ連の変化可能性への言及は1960年代末のものだが，ちょうどその頃の1968年には，チェコスロヴァキアで「プラハの春」と呼ばれる大規模な改革の動きがあり，8月にはワルシャワ条約機構軍の侵攻が改革運動を押しつぶした．この時期のカーは公けの態度表明をしてはいないが，ハスラムの伝記に引用されている私信からは，彼が陰鬱な気分だったことが窺える．軍事介入という出来事が暗いだけでなく，この事態に対して明快な論評をする展望が持てないという事情が暗さを倍加していた.

　現実のソ連がいくら否定的な様相を呈していても，その中に改革の萌芽があれば，そこに期待を託すこともできる．そのような観点を示した欧米のソ連研究者としてスティーヴン・コーエンおよびモシェ・レヴィンがおり，彼らはブハーリンとネップ（新経済政策）の再評価を立論の基礎においていた．これに対して，カーは，ブハーリンは個人としては好人物だったが，好人物がよい政治家になれるわけではないという観点から辛口の批評を書いた．ブハーリンの政策は成功可能性を欠いており，彼がスターリンへのオールタナティヴたりえたと考えるわけにはいかない．現代のソ連で経済改革について論じる人たちがブハーリンに依拠するなどということはありそうにない，というのがカーの評価だった.

　30年近くにわたって書き継がれた大著は，1978年刊の最終巻で完結した．この巻の序で，カーは欧米におけるソ連観の変遷を次のように振り返っている．1920年代には，ソ連の現実は比較的静かな幕間だったにもかかわらず，欧米では激しい反ソ主義が支配的だった．30年代になると，ソ連では農業集団化やテロルの悲劇が始まったにもかかわらず，西側では無批判なソ連賛美が高まった．カーが大著執筆を決意した

大戦直後には,「大連合」による協力関係が維持されるとの期待があったが, 大著第 1 巻の出た 1950 年はまさに冷戦の絶頂だった. 56 年のスターリン批判と「雪融け」は歴史家にとって好適な穏和な環境を生み出したが, それは 10 年くらいしか続かず, 68 年を境に再び激しい対抗関係に移行した. こうした短期変動の繰り返しの中で, 自分はそうした動きから距離をおこうと努めてきたが, それがどこまで成功したかは自分で判断すべきことではない. ともかく自分はロシア革命を, フランス革命についてと同様, 真っ白でもなければ真っ黒でもないものとして描こうとしてきた. このようにカーは自己の研究経過を振り返っている.

同じ巻の末尾におかれた終章では, 先進国革命の展望はほとんどなくなる一方, 西欧諸国では反感を呼ぶような方法も後進的な非資本主義諸国では受容される余地があり, ロシア革命の影響は後者でより強く感じられ続けたと指摘されている. ロシア革命の目標は達成されるには程遠く, その記録は欠陥だらけだが, それでもそれは持続的な影響を世界中に及ぼしている, というのが結びの言葉である. 30 年間にわたって精力を注ぎ込んだ主題が, 時間を隔てても無意味化することなく, どんなに不完全であっても歴史的意義を保持しているとカーが考えたのは自然である. もっとも, ここでいう世界的影響力の中身はあまり明確ではなく, 西欧諸国では忘れられても後進的な非資本主義諸国ではまだ有意義だろうという漠たる予感にとどまる.

大著を書き上げた直後に, カーは『ニュー・レフト・レヴュー』誌のインタヴューに応じた. カーと同誌には広い意味での親近関係があったが, 彼はニュー・レフトに対してかなり批判的でもあった. このインタヴューで彼は, 右派からのヒステリックな反ソ宣伝に強く反撥する一方で, ソ連であれ西欧諸国であれ社会主義に向かう歩みが続くという展望には悲観的であり, ユーロコミュニズムにもニュー・レフトにも積極的に与する気分になれないことを明らかにしている. 1960-70 年代の欧米諸国および日本では, スターリン批判後の情勢の中で, 様々な種類

の「ネオ・マルクス主義」が登場したが，それらとの対比でいうなら，カーは「先進国革命」論者でもなければ，「マルクス主義とヒューマニズムの結合」論者でもなかった．しいていえば，第三世界への期待が大きな位置を占めているが，アジア・アフリカ・ラテンアメリカ諸国の具体的な分析に基づいた議論ではなく，ソ連にも西欧にも期待を持てない以上，第三世界に期待を託すほかないという消極的な性格のものである．

　最晩年の自伝的覚書の末尾には，一種の信仰告白めいた文章があり，そこでカーは次のように書いている．人間を冷笑主義者とユートピア主義者に分けるなら，自分は後者の方を好む．西欧社会については没落と衰退以外のいかなる見通しも予見することができない．しかし，今はまだ見えない新しい可能性が水面下で始まりつつあると信じる．それは立証できないユートピアだ．マルクスの洞察は巨大な意義をもっていたが，その展望が科学的に証明可能だと考えるのは幻想だ．現代のわれわれはマルクスやレーニンよりも先に進めるだろうが，ユートピアを明確にすることができるわけではない．それは「社会主義」と呼ぶべきだろうし，その限りでは自分をマルクス主義者だということができるが，その内容を定義できないばかりでなく，それが西欧プロレタリアートによって担われるとは思えないと考える点で，自分はマルクス主義ではない．

　国際政治における「リアリスト」として知られるカーがユートピア主義に肯定的に言及しているのが目を引くが，実は，これは特に新しいことではない．もともと『危機の二十年』もリアリズムのみを一方的に説いたわけではなく，ユートピア主義とのバランスをとろうとした著作だった．カーは種々の著作の各所で，「歴史の進歩」への信頼を，人間は希望なしでは生きていけないという文脈においているが，それは学問的論証というよりは一種の信念ないし信仰告白としての性格を帯びている．

大著を書き終えたカーは，その内容を圧縮して一般読者向けの書物とする作業に取り組んだ．その産物が『ロシア革命――レーニンからスターリンへ，1917-1929年』（1979年）である．もととなった大著との間に観点の差があるわけではないので，ここでは小著末尾の部分を簡単に紹介するにとどめる．それによれば，ソ連の計画化は社会主義でないとは言えないが，マルクスのいう「生産者の自由な連合」ではなかった．ソ連の産業革命と農業革命は労働者たち自身の事業ではなかったし，それを遂行したスターリンの党は，あからさまに独裁的になっていった．目標が社会主義的と称されるとしたら，そのために使われた手段は社会主義の正反対だった．その後の過程は矛盾に満ちており，数多くの惨禍を伴ったが，1960年代までには工業化・機械化・計画化の成果が熟しはじめた．いろいろな遅れがあるにしても，生活水準は向上したし，スターリンの抑圧も除去された．体制の厳しさと残酷さを否定することはできないが，その成果もまた現実的だったとされる．

　大著『ソヴィエト・ロシア史』にせよ，その簡略版たる『ロシア革命』にせよ，政治制度，権力闘争，工業と農業にわたる経済政策および経済実体の動向，社会および文化の動向，西方と東方にわたる外交政策および国際共産主義運動といった多岐にわたる論点を巧みにかみあわせ，革命後十数年のソ連の軌跡を多角的に，かつ手際よく描き出している．そこで起きたことの多くは，結果的に言えば，革命時に熱狂的に期待された願望とはかけ離れたものだった．その意味では『ロシア革命』というタイトルはややミスリーディングであり，むしろ革命後の現実的プロセスがいかにして当初の期待から離れていったかを叙述した書物だともいえる．だが，カーはそこに「裏切り」「堕落」「後退」といった言葉を付けることなく，淡々とした歴史叙述に徹している．あちこちの個所で，政治家の権謀術数や首尾不一貫性，結果としての大量の犠牲や残虐性などが語られているが，それが避けられたはずだというニュアンスがこめられているわけではない．『歴史とは何か』でイギリスの産業革

命やインドの植民地化も巨大な惨禍を伴ったが，それでも進歩だったとした観点が，ここでも引き継がれているように見える．

カー死後，そしてソ連消滅後

　カーは1982年に90歳で死去したが，その数年後にソ連でペレストロイカが始まり，さらに数年後にはソ連国家そのものが消滅した．この間における歴史の変動は巨大なものであり，その中で，カーへの評価も種々の変化をこうむった．ペレストロイカの一時期，ソ連ではネップおよびブハーリンの評価が急激に高まった．そのすべてが手放しのブハーリン賛美というわけではないが，とにかくスターリン体制への重要なオールタナティヴとしてネップおよびブハーリン路線を想定する議論が広まった．将来のソ連の歴史家がブハーリンを再評価することはないだろうというカーの予見は外れたことになる．もっとも，まもなくそのブハーリンも，レーニンやトロツキーともども投げ捨てられ，どのような潮流にもせよおよそマルクス主義・社会主義と結びつくものすべてを否定する気運が主流となった．

　ソ連解体後，社会主義総否定論ともいうべき風潮が高まる中で，冷戦期に「親ソ的」と見なされていたカーを後知恵的に攻撃する議論が大量に登場したのは驚くに値しない．もともと「タカ派」的だった論者が勢いに乗っただけでなく，相対的にカーに近かった人たちの間でも，カーの社会主義観は間違っていたとの論評が増大した．だからといって，彼の業績が全面的に否定されたり，忘却されたりしたわけではない．1999年にはハスラムによる浩瀚な伝記が出て，彼への関心を再び高めた．国際政治および歴史学方法論の領域でカーを改めて振り返る議論は21世紀に入っても続々と現われており，一種の「カー・ルネサンス」とさえいえる状況になっている．これまでのところ，そうした「ルネサンス」はカーのソ連史研究と有機的に結びついていないが，国際政治・ソ連史

研究・歴史学方法論の3分野はカーにおいて密接な一体をなしていたから，それらを総体として振り返る作業の必要性は残っている．

本章はカー自身が旧時代の終わりを告げる画期と見なした1914年の第一次世界大戦勃発から今日に至る約100年を扱ってきた．この100年を大づかみに振り返るなら，戦間期から第二次世界大戦にかけては自由主義および市場経済への信頼が揺らぎ，何らかの意味での計画化への関心が高まった――必ずしもソ連型社会主義そのものの肯定ではないとしても――時代だった．これはまさにケインズの時代であり，カーの歴史観もこの時期に原型が形成された．その後，社会主義の長期的衰退傾向が始まり，遂にはソ連解体に至るという経過の中で，「計画から市場へ」というかけ声が有力になり，ハイエク・ルネサンスが生じた．これは30年代の流れの逆転であり，ケインズもカーも「敗者」の側に追いやられたかに見えた．しかし，それから20年余の時間が経つうちに，市場原理主義批判の声が高まり，世界的な長期不況もあって，一時期の市場ユーフォリアは過去のものとなった．だからといって社会主義再生の気運が高まっているわけでもなく，一種の混迷の時代が訪れているようにみえる．

いま略述したような長期的なパースペクティヴの中でいうなら，戦間期のカーは，彼が「時代の潮流」と信じるものに沿って，いわば流れに棹さして思想形成していたのに対し，戦後期とりわけ60年代末以降の彼は，むしろ時流に抗する形で大著を書き継いだと言える．とはいえ，そのことは彼の仕事を単純に「時代遅れ」として片付けることを正当化するわけではない．それは二重の意味においてである．

第一に，「歴史の審判」とは，どこかの時点で「最終審」が出るものではなく，数十年ごとに「再審」にさらされる可能性をもつものと考えられる．1930年代に基礎を据えられたカーの歴史観とりわけ社会主義評価が1980-90年代に少数見解になったのは驚くに値しないが，それがすべての決着ということではなく，一時的に勝ち誇ったネオリベラリ

ズムが動揺する中で，市場経済についての見方も再度の変容を遂げつつある．おそらく，これから先も種々の変転が繰り返されるだろう．

　第二に，歴史家を突き動かす原動力としての歴史観・世界観と，その産物たる著作そのものの評価とは区別して考える必要がある．自分の信じる「時代の流れ」に棹さすにせよ，逆に「時流に抗する」にせよ，それはあくまでも仕事の原動力ということであって，そこから生まれた仕事がどこまで高い達成をなしたかは別の問題である．1950-78年に書き継がれた大著にせよ，79年に刊行された小著にせよ，序論や結論的な部分で開陳された歴史観は，今日の若い世代にとっては理解しがたいところがあるだろうが，そのことを超えて，その内容は，対象時期のソ連史に関する最良の叙述として今なお残っている．個々の個所については，その後の研究によって乗り越えられた部分があり，今後も乗り越えられていくだろうが，全体としてみたとき，その包括性，バランスの良さ，あらゆる論点について当時可能だった限りの原資料に立脚していること，そして資料批判の厳密性といった点において，20世紀に生み出された現代史研究の最高峰の1つとしての位置を占め続けている．

付記：本章は紙幅の制約でごく簡略な叙述にとどまるが，詳しくは拙稿「E. H. カーのロシア革命論」『社会科学研究』第67巻第1号（2016年2月）を参照していただきたい．なお，本章で重要文献として言及したカー『ロシア革命——レーニンからスターリンへ，1917-1929年』は，塩川訳で岩波現代選書（1979年）として刊行され，その後，岩波現代文庫（2000年）として再刊された．

読書案内

- ジョナサン・ハスラム（2007）『誠実という悪徳——E. H. カー 1892-1982』角田史幸・川口良・中島理暁訳，現代思潮新社．

カー晩年の弟子による包括的で詳細な伝記.
- 山中仁美（2017）『戦争と戦争のはざまで――E. H. カーと世界大戦』佐々木雄太監訳，ナカニシヤ出版.
　　カーの国際関係論に関する最新の研究（著者は惜しくも夭折し，知人たちが英文から翻訳した）.
- 塩川伸明（2011）『民族浄化・人道的介入・新しい冷戦――冷戦後の国際政治』有志舎.
　　第9章に「E. H. カーの国際政治思想――ハスラムによる伝記を手がかりに」を収録.

執筆者紹介 (執筆順)

大瀧雅之（おおたき・まさゆき）[編者]
東京大学社会科学研究所．専門はマクロ経済学．主要著作に *Keynesian Economics and Price Theory: Re-orientation of a Theory of Monetary Economics* (Springer, 2015), *Keynes's General Theory Reconsidered in the Context of the Japanese Economy* (Springer Briefs in Economics, Development Bank of Japan Research Series, Springer, 2016) がある．

加藤　晋（かとう・すすむ）[編者]
東京大学社会科学研究所（日本学術振興会海外特別研究員）．専門は厚生経済学．主要著書に *Rationality and Operators: The Formal Structure of Preferences* (Springer Singapore, 2016), 『社会科学における善と正義——ロールズ『正義論』を超えて』（大瀧雅之・宇野重規との共編，東京大学出版会，2015年）がある．

神藤浩明（じんどう・ひろあき）
政策研究大学院大学政策研究科／日本政策投資銀行設備投資研究所．専門は日本経済，経済統計，統合報告．主要著書に『日本経済 社会的共通資本と持続的発展』（小西範幸との分担執筆，東京大学出版会，2014年），「ケインズ『ケインズラジオで語る』——マスメディアにおけるケインズ・スピリット」（『社会科学における善と正義——ロールズ『正義論』を超えて』東京大学出版会，2015年）がある．

宇野重規（うの・しげき）
東京大学社会科学研究所．専門は政治思想史，政治哲学．主要著書に『政治哲学的考察——リベラルとソーシャルの間』（岩波書店，2016年），『保守主義とは何か——反フランス革命から現代日本まで』（中央公論新社，2016年）がある。

本橋　篤（もとはし・あつし）
日本政策投資銀行設備投資研究所．専門は経済成長理論，国際金融，応用マクロ経済分析．主要著書に Economic Growth with Asset Bubbles in a Small Open Economy (*Theoretical Economics Letters*, 6, 2016),「グローバル経済における資産バブルと経済成長——リーマン・ショック前後の世界経済に対する理論的考察」（『経済経営研究』36-6, 2016年）がある．

古宮正章（こみや・まさあき）
日本政策投資銀行設備投資研究所（非常勤顧問）．

西島益幸（にしじま・ますゆき）
横浜市立大学国際総合科学部．研究分野はゲーム理論の応用（垂直的に差別化された財・サービスの混合寡占理論）．主要著書に『労働経済学』（共著，有斐閣，1989年），『企業の経済学』（新世社，1998年），Quality and Welfare in Mixed Duopoly: Effects of Capacity Reduction (*Japanese Economic Review*, 60-1, 2009) がある．

釜賀浩平（かまが・こうへい）
上智大学経済学部．専門は厚生経済学．主要論文に Infinite-horizon social evaluation with variable population size (*Social Choice and Welfare*, 47-1, 2016) Extended anonymity and Paretian relations on infinite utility streams (co-authored with Tsuyoshi Adachi and Susumu Cato, *Mathematical Social Sciences*, 72, 2014) がある．

随 清遠（ずい・せいえん）
横浜市立大学国際総合科学部．専門は金融論．主要著書に『銀行中心型金融システム――バブル期以降の銀行行動の検証』（東洋経済新報社，2008年），Influence of the Japan Development Bank Loans on Corporate Investment Behavior（共著，*Journal of the Japanese and International Economies*, 7-4, 1993），Japanese Banks' Monitoring Activities and the Performance of Borrower Firms: 1981-1996（共著，*International Economics and Economic Policy*, 2-4, 2005) がある．

田村正興（たむら・まさおき）
名古屋商科大学経済学部．専門は経済理論・産業組織論．主要著書に Prize Promotions as Costless Commitments (*Managerial and Decision Economics*, 38-4, 2017), Anonymous Giving as a Vice: an Application of Image Motivation (*Theoretical Economics Letters*, 2-4, 2012) がある．

渡部 晶（わたべ・あきら）
内閣府大臣官房審議官．専門は公共政策実務．主要著書に「独立行政法人改革について」（『ファイナンス』586，2014年），「地域経済活性化支援機構（REVIC）による地域活性化の取り組みとその意義」（『ファイナンス』610，2016年），「地域連携で広がる未来（1）〜（4）」（『環境会議 春号・秋号』，『人間会議 夏号・冬号』2016年）がある．

内山勝久（うちやま・かつひさ）
日本政策投資銀行設備投資研究所．専門は環境経済学．主要著書に *Environmental Kuznets Curve Hypothesis and Carbon Dioxide Emissions* (Springer Briefs in Economics: Development Bank of Japan Research Series, Springer, 2016)，『日本経済 社会的共通資本と持続的発展』（共編，東京大学出版会，2014年），『格差社会を越えて』（共編，東京大学出版会，2012年）がある．

薄井充裕（うすい・みつひろ）
日本政策投資銀行設備投資研究所（客員主任研究員）／中央大学総合政策学部（客員教授）．専門は都市開発，地域整備．主要著書に『PFIと事業化手法——公共投資の新しいデザイン』（編著，金融財政事情研究会，1998年），『都市のルネッサンスを求めて——社会共通資本としての都市1』（宇沢弘文・前田正尚との共編，東京大学出版会，2003年），『スポーツで地域をつくる』（堀繁・木田悟との共編，東京大学出版会，2007年）がある．

堀内昭義（ほりうち・あきよし）
東京大学名誉教授／中央大学名誉教授．専門は金融．主要著書に『日本経済と金融危機』（岩波書店，1999年），『インセンティブの経済学』（共著，有斐閣，2003年）がある．

塩川伸明（しおかわ・のぶあき）
東京大学名誉教授．専門はロシア・旧ソ連諸国近現代史．主要著書に『多民族国家ソ連の興亡』（全3巻，岩波書店，2004-2007年），『冷戦終焉20年——何が，どのようにして終わったのか』（勁草書房，2010年），『民族浄化・人道的介入・新しい冷戦——冷戦後の国際政治』（有志舎，2011年）がある．

ケインズとその時代を読む
危機の時代の経済学ブックガイド

2017年7月20日 初 版
［検印廃止］

編 者	大瀧雅之・加藤 晋
発行所	一般財団法人 東京大学出版会
代表者	吉見俊哉

〒153-0041 東京都目黒区駒場4-5-29
http://www.utp.or.jp/
電話 03-6407-1069　Fax 03-6407-1991
振替 00160-6-59964

組 版	有限会社プログレス
印刷所	株式会社ヒライ
製本所	牧製本印刷株式会社

©2017 Masayuki Otaki and Susumu Cato, Editors
ISBN 978-4-13-043038-8 Printed in Japan.

JCOPY 〈(社)出版者著作権管理機構 委託出版物〉
本書の無断複写は著作権法上での例外を除き禁じられています．複写される場合は，そのつど事前に(社)出版者著作権管理機構(電話 03-3513-6969, FAX 03-3513-6979, e-mail: info@jcopy.or.jp)の許諾を得てください．

大瀧 雅之／宇野 重規／加藤 晋［編］
社会科学における善と正義　　　　　　❖A5判 5800円
ロールズ『正義論』を超えて

B. W. ベイトマン／平井 俊顕／M. C. マルクッツォ［編］
リターン・トゥ・ケインズ　　　　　　❖A5判 5600円

東京大学社会科学研究所／大沢 真理／佐藤 岩夫［編］
ガバナンスを問い直すⅠ　　　　　　　❖A5判 4000円
越境する理論のゆくえ

東京大学社会科学研究所／大沢 真理／佐藤 岩夫［編］
ガバナンスを問い直すⅡ　　　　　　　❖A5判 4200円
市場・社会の変容と改革政治

東京大学出版会『UP』編集部［編］
東大教師が新入生にすすめる本 2009-2015　❖46判 1800円

ここに表示された価格は本体価格です．ご購入の際には消費税が加算されますのでご了承ください．